T0129620

essentials

essentials liefern aktuelles Wissen in konzentrierter Form. Die Essenz dessen, worauf es als „State-of-the-Art" in der gegenwärtigen Fachdiskussion oder in der Praxis ankommt. *essentials* informieren schnell, unkompliziert und verständlich

- als Einführung in ein aktuelles Thema aus Ihrem Fachgebiet
- als Einstieg in ein für Sie noch unbekanntes Themenfeld
- als Einblick, um zum Thema mitreden zu können

Die Bücher in elektronischer und gedruckter Form bringen das Fachwissen von Springerautor*innen kompakt zur Darstellung. Sie sind besonders für die Nutzung als eBook auf Tablet-PCs, eBook-Readern und Smartphones geeignet. *essentials* sind Wissensbausteine aus den Wirtschafts-, Sozial- und Geisteswissenschaften, aus Technik und Naturwissenschaften sowie aus Medizin, Psychologie und Gesundheitsberufen. Von renommierten Autor*innen aller Springer-Verlagsmarken.

Colja Dams · Sabine Böhling

Nachhaltige Events agil umgesetzt

Erfahrungen und Best Practices

Springer Gabler

Colja Dams
VOK DAMS Events GmbH
Wuppertal, Deutschland

Sabine Böhling
sb^2 concepts
Idstein, Deutschland

ISSN 2197-6708 ISSN 2197-6716 (electronic)
essentials
ISBN 978-3-658-42782-5 ISBN 978-3-658-42783-2 (eBook)
https://doi.org/10.1007/978-3-658-42783-2

Die Deutsche Nationalbibliothek verzeichnet diese Publikation in der Deutschen Nationalbibliografie; detaillierte bibliografische Daten sind im Internet über http://dnb.d-nb.de abrufbar.

Planung/Lektorat: Rolf-Guenther Hobbeling
Springer Gabler ist ein Imprint der eingetragenen Gesellschaft Springer Fachmedien Wiesbaden GmbH und ist ein Teil von Springer Nature.
Die Anschrift der Gesellschaft ist: Abraham-Lincoln-Str. 46, 65189 Wiesbaden, Germany

Das Papier dieses Produkts ist recyclebar.

Was Sie in diesem *essential* finden können

- Mutmacher und Motivation hin zu mehr Nachhaltigkeit bei Events
- Warum man selbst nachhaltig sein muss, um nachhaltige Events anbieten zu können
- Wie werde ich agil nachhaltig? Best Practice Beispiel für Agentur und Dienstleister

Vorwort Colja Dams

Warum ist Nachhaltigkeit für uns wichtig? Warum hat das Thema auch für die Event-Industrie die Schlüsselpriorität? Muss man, angesichts der Erkenntnisse und Tatsachen, die auf Klimaveränderungen und Ungerechtigkeiten in der Welt basieren, die Frage nach dem „Warum?" heute eigentlich noch beantworten?" Wir befinden uns in einem Stadium, in dem wir die Zeiten des Verständnisproblems allmählich hinter uns lassen, allerdings stehen nun viele vor einem Umsetzungsproblem. „Eco-Credibility" spielt dabei heute eine sehr wichtige Rolle. Das bedeutet, dass ich nicht nur nachhaltig handele und darüber kommuniziere, sondern auch, dass alle meine Maßnahmen nachweisbar kritischen Untersuchungen standhalten. Zudem werden sich Regulatorien der EU (Europäischen Union) wie z. B. die CSRD (Corporate Sustainability Reporting Directive) oder das LkSG (Lieferkettensorgfaltspflichtengesetz) auch auf die Veranstaltungsbranche auswirken. Es muss sichergestellt werden, dass alle in der Lieferkette nachhaltig agieren. Wir zeigen in diesem Essential auf, wie ein agiles Mindset dabei hilft, Nachhaltigkeit in der Eventbranche weiter voranzutreiben.

Nachhaltigkeit hat für uns bei VOK DAMS – einer der führenden Agenturen für Events und Live-Marketing – seit jeher einen hohen Stellenwert. Bereits 2007 haben wir uns als eine der ersten Agenturen mit Nachhaltigem Eventmanagement intensiv auseinandergesetzt. Zeitgleich haben wir online einen der ersten CO_2-Rechner für Events der Branche zur Verfügung gestellt.[1]

Wir arbeiten schon lange daran, unsere Arbeit so umweltfreundlich wie möglich zu gestalten. Aber Nachhaltigkeit ist mehr. Nachhaltigkeit ist die größte Herausforderung für die Menschheit, für die Event-Industrie und für uns als Agentur. Wir erleben derzeit ein komplexes Spannungsfeld zwischen Ökonomie,

---

[1] Vgl. Horizont Online (2007), o. S.

Ökologie und Sozialem. Alle diese Themen beeinflussen sich gegenseitig und wirken sich dabei alle auf die Nachhaltigkeit aus. Wir alle müssen uns jeden Tag fragen, wie wir noch besser werden können – und genau hier setzt Agiles Projektmanagement an. Der Kern des agilen Gedankens lässt sich runterbrechen auf:

- **Kunden Fokussierung:** Ausrichtung aller Projekt- und Team-Visionen auf die effizient zu erreichende Ergebnis Qualität
- **Iteratives Arbeiten:** Direkten Mehrwert durch iterative Zyklen in enger Abstimmung zwischen Kunden und Agentur
- **Ständige Verbesserungs-Kultur:** Reflektion, Lernen und direktes Anpassen steht im Mittelpunkt
- **Starke Teams:** Selbständig, selbstorganisierend, kooperative Zusammenarbeit mit Ergebnisfokus

Agilität und Nachhaltigkeit gehören zusammen

Ein moderner, wertbezogener Qualitätsbegriff definiert heute nicht mehr nur Preis-Leistung eines Ergebnisses – sondern schließt Nachhaltigkeitsanforderungen direkt mit ein. Nachhaltigkeit wird damit zum Herzstück des agilen Mindset.

Die Verbindung von Nachhaltigkeit mit Agilität hat zwei Dimensionen:

1. Einerseits hilft das agile Mindset Nachhaltigkeit in jegliches Denken und Handeln zu integrieren – so auch bei jedem einzelnen Event-Projekt.
2. Andererseits ist Agiles Projektmanagement die beste Basis für den Transformationsprozess zur Einführung eines Nachhaltigkeits-Management-Systems auf Agentur-Ebene.

Als Team haben wir das große Ziel Nachhaltigkeit vor Augen. Mithilfe des Agilen Projektmanagements brechen wir dieses große Ziel auf kleine Sprints herunter. Hierbei ist wichtig, dass dieses Runterbrechen nicht „Top-Down" erfolgt, sondern, dass sich jedes Teammitglied in Eigenverantwortung seinen eigenen Task nimmt. Die Herausforderungen bei der Gestaltung einer nachhaltigen Zukunft – die Komplexität und Unsicherheit wie jene aussehen soll – deckt sich dabei mit den Zielen des agilen Managements – Handeln trotz Unsicherheit und Komplexität.

➤ Die Komplexität lässt sich nicht, wie komplizierte Herausforderungen lösen, indem man einfach lange genug daran arbeitet, sondern verlangt Öffnung – die dadurch entstehende Freiheit muss man aushalten können.[2]

Die Visionen einer nachhaltigen Zukunft sind hochgradig komplex. Agiles Management kann helfen einen Weg, ein „Wie?" in eine komplexe Zukunft trotz unsicherer Rahmenbedingungen zu finden. Unsere agile Arbeitsweise hat uns bei VOK DAMS zunächst bei unserem Transformationsprozess zur nachhaltigen Agentur geholfen, im Folgenden zeigen wir, wie es auf Event Ebene gelingen kann.

Agiles Projektmanagement hilft nicht nur bei der Einführung eines Nachhaltigkeits-Management System auf Agenturebene, sondern sichert Transparenz und schafft Dynamik im einzelnen Event-Projekt. Iterative Prozesse der agilen Herangehensweise können dabei helfen, Nachhaltigkeit aufrechterhalten und ständig zu verbessern.

Wir möchten mit diesem Essential einerseits zum Nachdenken anregen, dass an nachhaltigem Denken und Handeln sowie der agilen Arbeitsweise in Zukunft kein Kunde und keine Agentur mehr vorbeikommt. Zum anderen soll es die Vorteile für Kunden und Projektteams darstellen:

- Mehr Nachhaltigkeit
- Mehr Effizienz
- Mehr Innovation
- Mehr Spaß

Es ist also an der Zeit, sich mit der Basis einer innovativen Arbeitsweise zu beschäftigen, um weiterhin innovative und zunehmend nachhaltigere Events und Live-Marketing-Maßnahmen umzusetzen. Eine innovative Arbeitsweise, die auf Selbstverantwortung jedes einzelnen im Team setzt, und bei der niemand darauf wartet, dass jemand anderes die Initiative ergreift.

The greatest threat to our planet is the belief that someone else will save it.

„Robert Swan[3]"

---

[2] Vgl. Kappler (1989), S. 59 ff.
[3] Swan (2016), o. S.

Ich freue mich sehr, dass wir mit Sabine Böhling die führende Vordenkerin, Beraterin, Trainerin, Mentorin, Coachin (und vieles mehr) für Nachhaltiges Eventmanagement gewinnen konnten, diesen spannenden Weg mit uns gemeinsam zu
gehen.

                                                                      Colja Dams

Vorwort Sabine Böhling

Nachhaltigkeit ist ein Megatrend, der uns noch lange, vermutlich sogar für immer begleiten wird. Darüber hinaus ist es ein abstrakter Begriff, der Erklärung und Lösungen braucht. Nicht zuletzt ist Nachhaltigkeit ein großes Gemeinschaftswerk und auf dem Weg in eine nachhaltige Zukunft haben „Best-Practice-Beispiele" einen großen positiven Impact. Vermutlich gibt es irgendwo auf der Welt bereits in jedem Bereich sogenannte „First Mover", die sich schon erfolgreich auf den Weg gemacht haben und nun mit Rat und Tat zur Verfügung stehen. Dies war einer der Gründe für mich, gemeinsam mit Anke Trischler und Prof. Dr. René Schmidpeter Ende 2021 das Buch „CSR in Hessen" herauszugeben, indem wir 52 solcher Best-Practice-Beispiele aus Bildung, Gesellschaft und Wirtschaft präsentieren. Dass der Bedarf und das Interesse an geeigneten und erfolgreichen „Musterlösungen" sehr hoch ist, dass zeigen die bereits über 222.000 Downloads sowie zahlreiche verkaufte Print-Exemplare. (Stand Juli, 2023)

Nachhaltiges Eventmanagement ist mein Steckenpferd. Der Gedanke „Wie gelingt Unternehmen die Transformation zur Nachhaltigkeit?" beschäftigt mich bereits seit vielen Jahren. Veränderungsprozesse in diesem Ausmaß profitieren stets von Innovation und Kreativität sowie einer umfangreichen Wissensvermittlung. Das Mitnehmen aller Mitarbeitenden in einem solchen Prozess stellt einen großen Erfolgsfaktor dar, doch wie kann das gelingen? Welche Form der internen Kommunikation ist dabei hilfreich, um Mitarbeitende zu sensibilisieren und zu motivieren den Weg mitzugehen?

Bereits kurz nach Beginn meines Studiums „Tourismus-, Hotel- & Eventmanagement" im Jahr 2016 war mir klar, Events für Mitarbeitende könnten in diesem Bereich eine wertvolle Rolle spielen. Die zahlreichen positiven Eventwirkungen wie Information, Motivation, Emotion und Aktivierung, welche auf Events meist nicht einzeln, sondern in Kombination eingesetzt werden, machen ein Event hochwirksam.[4] Daraus entstand die Forschungsfrage meiner Bachelorarbeit: „Wie sollte ein Mitarbeiterevent gestaltet werden, das zur Sensibilisierung des Themas Corporate Social Responsibility beiträgt?" Mit Hilfe umfangreicher Recherche und zahlreichen Experteninterviews entstand daraus ist ein modulares Eventkonzept, welches inzwischen in der Praxis erfolgreich Anwendung findet. Eine der ersten Erkenntnisse gleich zu Beginn meiner wissenschaftlichen Arbeit war, dass der komplette Rahmen einer solchen Veranstaltung nachhaltig gestaltet sein muss, damit man das Thema Nachhaltigkeit auch gleich mit allen Sinnen erleben kann, denn:

> „Nachhaltige Events sind nicht nur dauerhaft wirkungsvoll im Sinne des Eventziels, sondern auch wirksam im Sinne der Nachhaltigen Entwicklung" (Ulrich Holzbaur)[5]

Handlungsfelder wurden inzwischen definiert, Leitfäden und Ratgeber zum Nachhaltigen Eventmanagement gibt es bereits einige auf dem Markt. Das Wissen darüber ist daher vielerorts vorhanden, aber häufig mangelt es noch an der Umsetzung. Dies hat einerseits mit dem dafür notwendigen Veränderungsprozess an sich zu tun und der Frage wie fängt man an, andererseits spielt Zeitdruck in Unternehmen eine Rolle und nicht zuletzt entpuppt sich der Dschungel an Standards, Normen und Zertifizierungen als große Herausforderung.

Lebenslanges, lebensbreites und lebenstiefes Lernen war schon immer mein Motto und hilft mir auch hier. An dieser Stelle möchte ich daher gerne Frau Prof. Dr. Yasmin Weiß zitieren. Sie sieht das Lernen als eine der Superkompetenzen unserer Zeit an und beschreibt es dazu wie folgt:[6]

Lernen
Lernen bedeutet „geteilte Verantwortung".
Damit Lernprozesse gelingen können, braucht es eine geteilte Verantwortung zwischen Lernenden und demjenigen, der Lernangebote macht (Schule, Hochschule, später Arbeitgeber). Ohne das beidseitige Engagement und die akzeptierte Verantwortung

- zu erkennen, was zu welchem Zeitpunkt zu lernen ist,
- die Bereitschaft, Überholtes zu verlernen und
- die Bereitschaft, neue Fähigkeiten sowie Denk- und Verhaltensmuster neu zu erlernen, werden Lernprozesse keine Früchte tragen.
- Vielmehr geht es darum, sich selbst als „Beta-Version" von sich selbst zu begreifen, die laufend Feedback- und Updateschleifen benötigt, um am Puls der Zeit zu bleiben.

---

[4] Vgl. Schaefer-Mehdi (2015), S. 13.
[5] Holzbaur (2016), S. 28
[6] Vgl. Weiß (2023), o. S.

Frau Prof. Dr. Yasmin Weiß schließt ihren Arbeitstag persönlich stets mit folgenden beiden Reflexionsfragen ab:

* Was habe ich heute Neues gelernt, welche neuen Denkimpulse habe ich aufgenommen?
* Habe ich heute Wissen geteilt und andere unterstützt, zu lernen?

Dieses Mindset entspricht seit vielen Jahren meiner Mentalität und bestimmt mein Handeln in allem, was ich tue.

VOK DAMS worldwide hat sich als eine der ersten Agenturen auf den Weg in eine nachhaltige Zukunft gemacht. Ich freue mich sehr, gemeinsam mit Colja Dams und seinem Team, Erfahrungen und das resultierende Erfolgsrezept als Best-Practice-Beispiel in diesem Essential zu präsentieren.

Wir möchten damit „Early adapters" aus der Event-Branche dazu motivieren und dabei unterstützen, dass ihr Weg in eine nachhaltige Zukunft so einfach wie möglich gelingt.

Sabine Böhling

Aus Gründen der besseren Lesbarkeit wird in dieser Publikation auf die gleichzeitige Verwendung der Sprachverformen männlich, weiblich, divers (m/w/d) verzichtet. Sämtliche Personenbezeichnungen (z. B. Kunden, Lieferanten etc.) gelten gleichermaßen für alle Geschlechter.

Danksagung

Die agilen Teams sind der Motor der Nachhaltigkeitsbewegung. Sie sind es, die „agil" jeden Tag Nachhaltigkeit aktiv leben und weiterentwickeln. Mit Verantwortung, Motivation, Mut und Spaß. Deshalb geht unser Dank an alle Mitarbeitenden, Kunden und Partner der VOK DAMS worldwide – Agentur für Events und Live-Marketing, die unseren agilen Weg zu mehr Nachhaltigkeit in der Event-Branche mit so viel Motivation und Engagement mitgehen.

Besonders bedanken möchten wir uns bei unseren Co-Autorinnen Claudia Krause und Stephanie Günther. Claudia und Steffi treiben seit Jahrzehnten unsere interne Transformation bei VOK DAMS und waren entscheidend bei dem Entstehen dieses Buches beteiligt.

Ohne euch wäre das nicht möglich gewesen. Vielen Dank – stellvertretend für unser gesamtes CSR-Team und alle Mitarbeitenden:

Aaron D.,Adissa M.,Adrian E.,Alba H.,Albert C.,Alexandra S.,Alexandra V.,Alina R.,Aljosa D.,Amie T.,Amy Q.,Anastasia M.,Andrea S.,Andreas D.,Andy S.,Anita W.,Anna-Lena B.,Anne G.,Anton M.,Antonia J.,Ava Z.,Azra B.,Benedikt W.,Benjamin A.,Benjamin Roman S.,Bernhard E.,Brad X.,Britta H.,Byung-Han K.,Carolin G.,Cedric E.,Chiara T.,Christian G.,Christian S.,Christiane R.,Christophe I.,Christopher W.,Claire K.,Claudia A.,Claudia J.,Claudia K.-D..,Claudia Kr.,Claudia S.,Clemens S.,Clement L.,Constanze S.,Corvin D.,David T.,David Z.,Deniz I.,Derya B.,Diana S.,Dilek Ö.,Dominik S.,Eden S.,Eileen H.,Elisa Kö.,Elisa Kü.,Elmar R.,Eric Z.,Erik B.,Erika D.,Eva B.,Eva W.,Eva-Maria N.,Farshid H.,Felix J.,Fiona J.,Flora L.,Franca M.,Franca K.,Frank W.,Frederik H.,Friederike C.,Gena S.,Genelyn L.,Gudrun B.,Guido S.,Hannah K.,Hannah v.B.,Hannes S.,Helen C.,Hendrik P.,Jackie W.,Jacqueline H.,Jan H.,Jan W.,Janina H.,Jasmin G.,Jelka L.,Jennifer R.,Jenny M.,Jens M.,Johannes Bu.,Johannes Be.,Johannes J.,Jojo Z.,Joshua K.,Judith

A.,Julia B.,Julia G.,Julien B.,Karen S.,Kassandra v.B.,Katarina O.,Katharina G.,Katharina H.,Kathrin S.,Katja R.,Katrin W.,Kim G.,Kimberly T.,Klaas-Oliver R.,Kong S.,Kristin B.,Lara J.,Laura P.,Lawrence M.,Lea B.,Leah F.,Lena B.,Lena H.,Levi Y.,Lilly M.,Lisa S.,Lisa W.,Lisa H.,Luca L.,Luna J.,Maggie Y.,Maileen Z.,Manu C.,Marcel B.,Margarita L.,Elena G.,Marie J.,Marieke G.,Marina L.,Markus B.,Marten K.,Martin S.,Martin Z.,Matteo K.,Maximilian B.,Maximilian E.,Maximilian M.,Melanie K.,Mia Y.,Michael G.,Michael M.,Michele P.,Michelle D.,Mila E.,Moritz M.,Nabila-Dominique S.,Niklas S.,Nils K.,Nils R.,Nina D.,Nina G.,Nina F.,Ole Z.,Patrick E.,Paul G.,Pauline R.,Pawel M.,Pia L.,Pina M.,Rebecca B.,Rebecca F.,Rik D.,Robin R.,Ronja G.,Sabine R.,Sabrina U.,Sabrina J.,Sandra T.,Santiago C.,Saskia S.,Sebastian A.,Sebastian N.,Sharon S.,Shirin D.,Silvia G.,Simone T.,Sina B.,Snowy H.,Sofia B.,Sophie G.,Stefan S.,Stephanie G.,Stephanie Z.,Svenja J.,Tania N.,Teresa M.,Timo C.,Tina K.,Tobias S.,Ulrike E.,Vanessa E.,Vanessa R.,Wesley G.,Wilder Z.,Yvonne J.,Zoe C.,

Außerdem bedanken wir uns für Inspirationen, Ideen, Austausch, Wegbegleitung, Unterstützung und das gemeinsame kreativ neues Wissen schaffen, stellvertretend für alle unsere Netzwerkpartner bei:

Alexander Ostermeier, Carina Bauer, Clemens Arnold, Cornelia Zanger, Ilona Jarabek, Jörg Zeissig, Kerstin Wünsch, Kim Werner, Marco Roscher, Markus Große-Ophoff, Matthias Schultze, Stefan Lohmann, Stephan Luppold, Tanja Knecht, Tanja Schramm, Ulrich Holzbaur, …

Inhaltsverzeichnis

1 **Einleitung** 1

2 **Definitionen und Grundlagen** 3
  2.1 Nachhaltigkeit 3
    2.1.1 Definitionen und Grundlagen 3
    2.1.2 SDGs als Referenzrahmen 4
  2.2 Nachhaltiges Eventmanagement 6
    2.2.1 Begriffserklärung „Nachhaltige Events" 6
    2.2.2 Handlungsfelder „Nachhaltige Events" 7
    2.2.3 Auswahl relevanter Handlungsfelder eines Events 11
  2.3 Standards und Zertifizierungen für Nachhaltiges
     Eventmanagement 12
    2.3.1 ZNU-Standard Nachhaltiger Wirtschaften 12
    2.3.2 ISO 20121:2012 17
  2.4 Agiles Eventmanagement 19
    2.4.1 Begriffserklärung 19
    2.4.2 Wozu brauche ich Agiles Eventmanagement? 20
    2.4.3 Prinzipien des Agilen Eventmanagements 20
    2.4.4 Erfolgsfaktoren des Agilen Eventmanagements 22
    2.4.5 Warum Agiles Eventmanagement die Basis zu
       nachhaltigem Handeln ist 23
    2.4.6 Das magische Viereck im Agilen Eventmanagement 25

3 **Agile Event Sustainability – Transformation in 6 Schritten** 27
  3.1 Standortbestimmung 31
    3.1.1 Nachhaltigkeit bei VOK DAMS als Agentur 31
    3.1.2 SWOT-Analyse zur Standortbestimmung 34

3.2   Vision bei VOK DAMS 36
3.3   Nachhaltigkeitsziele 37
3.4   Nachhaltigkeitsinitiativen 38
3.5   Nachhaltigkeitsmanagement 38
        3.5.1   Das Team 39
        3.5.2   Verantwortung für Nachhaltigkeit 40
3.6   Handlungsplan – Mögliche Maßnahmen der Umsetzung 41
        3.6.1   Roadmap Erstellung 41
        3.6.2   Mitarbeitende:
                Einbindung – Qualifizierung – Wissensvermittlung 42
        3.6.3   Nachhaltigkeits-Kommunikation – Interne + Externe
                Kommunikation 43
        3.6.4   Prozesse/Tools 47
        3.6.5   Agile Sustainability Methodology 53

4   Budget für Nachhaltigkeit 55

5   Fazit und Ausblick 57

Literatur 61

Über die Autoren

Colja Dams, CEO VOK DAMS – einer der führenden Agenturen für Events und Live-Marketing weltweit, die sich auf den Weg zur agilen und nachhaltigen Agentur begeben hat.

Sabine Böhling, Gründerin und Eigentümerin von sb^2 concepts – erarbeitet und vermittelt als Beraterin, Trainerin und Dozentin rund um die Themen Nachhaltigkeit und CSR praktische Anwendung und Umsetzung vom Wissen zum Handeln auf dem Weg in eine nachhaltige Zukunft.

Abkürzungsverzeichnis

CCF	Corporate Carbon Footprint
CCPA	California Consumer Privacy Act
CO_{2eq}	Kohlenstoffdioxid Äquivalente
CSR	Corporate Social Responsibility
CSRD	Corporate Sustainability Reporting Directive
DE&I	Diversity, Equity, Inclusion
DAkkS	Deutsche Akkreditierungsstelle
DNK	Deutscher Nachhaltigkeitskodex
DSGVO	Datenschutz-Grundverordnung
ESRS	European Sustainability Reporting Standards
GHG	Greenhouse Gas
GRI	Global Reporting Initiative
ISM	Information Security Management System
ISO	International Organzation for Standardization
KMU	Kleinstunternehmen, kleine und mittlere Unternehmen
LkSG	Lieferkettensorgfaltspflichtengesetz
SDG	Sustainable Developement Goal
TISAX	Trusted Information Security Assessment Exchange
TÜV	Technischer Überwachungsverein
ZNU	Zentrum für Nachhaltige Unternehmensführung der Universität Witten/Herdecke

Einleitung

1

Nachhaltigkeit ist das neue Profitabel und wird auch im Veranstaltungssektor zum Entscheidungsmerkmal werden. Vielleicht stellen Sie sich gerade die Frage: „Warum lässt man Events nicht einfach weg?" Das wäre doch das Nachhaltigste, oder? Theoretisch schon, aber auch nicht mehr heizen, nichts mehr essen oder nicht mehr reisen wären dann bei diesem Mindset hilfreich.

Events entwickeln sich jedoch aktuell zu der unverzichtbarsten Kommunikationsdisziplin überhaupt, und das hat gleich mehrere Gründe: Das „Lagerfeuer-Gen in uns allen" spiegelt seit Bestehen der Menschheit den Drang wider – sich live zu treffen. Die Erfahrung des sich „Nicht-Treffen-Dürfens", während der Covid-Pandemie hat uns dies noch einmal sehr deutlich vor Augen geführt. Zudem erreicht man bei Live-Events Aufmerksamkeitsspannen und ein Engagement, welches messbar im Bereich von Minuten bis Stunden liegt. Nachdem wir gerade einen post-pandemischen Live-Boom erlebt haben – ist die nächste Live-Welle bereits absehbar:

Einfach mit KI erstellter digitaler Content führt zu einem unüberschaubaren Überangebot für Aufmerksamkeit. KI wird mittelfristig dazu führen, dass Live die einzige authentische Kommunikationsform bleibt – Digitaler Content wird immer mehr zur Commodity und die Angst vor Deepfakes steigt.[1] Zeitgleich sinkt die Aufmerksamkeit für digitale Inhalte – beispielsweise bei TikTok je Video auf nur 0,4 s.[2] Im Zusammenhang mit Nachhaltigkeit lohnt sich bei digitalen Angeboten auch ein Blick auf die entstehenden CO_2-Emissionen, insbesondere dann, wenn z. B. ein TikTok Video viral geht.

---

[1] Vgl. VOK DAMS (2023 o. S.).

[2] Vgl. Eisenbrand (2023, o. S.).

Einen weiteren Vorteil von Live-Events ergibt sich aus den Datenschutzbestimmungen (DSGVO, CCPA etc.) die verhindern, dass Daten einfach zu nutzen sind, wobei Live-Events eine „First-Party-Data-Nutzung" ermöglichen. Das alles sind gute Gründe, warum es weiterhin Live-Events geben wird. Im Sinne einer nachhaltigen Entwicklung geht es jetzt darum, die Events, die stattfinden möglichst mithilfe des Nachhaltigen Eventmanagements zu planen und umzusetzen.

Doch wie muss ich mich als Kunde, Agentur und Dienstleister nachhaltig wandeln, um nachhaltige Events sicherzustellen. Wir stellen in diesem Buch nicht nur einige ökologische, ökonomische und soziale Stellschrauben für nachhaltige Events vor, sondern setzen noch vor dem eigentlichen Event bei der eigenen Organisation an. Hier hat sich Agilität als Beschleuniger für nachhaltigen Wandel bewährt und wir sehen nachhaltige Organisationen als Basis für die Implementierung von nachhaltigen Events. Die Kombination aus Agilem und Nachhaltigem Eventmanagement ergibt eine zukunftsfähige Methode, Events strategisch, konzeptionell, kreativ und logistisch zu entwickeln und das Ganze nachhaltig. Als Basis für die Auswahl nachhaltiger Standards werden die ISO 20121, welche sich als wichtige Zertifizierung der Event-Branche herauskristalliert, und der ZNU-Standard Nachhaltiger Wirtschaften vorgestellt.

Definitionen und Grundlagen

2

2.1 Nachhaltigkeit

Der Begriff der Nachhaltigkeit wird in der heutigen Zeit häufig, in den unterschiedlichsten Zusammenhängen und von den unterschiedlichsten Akteuren, verwendet. Obwohl der Begriff ein positives Image hat, ist es schwierig von einem einheitlichen Verständnis zu sprechen.[1]

2.1.1 Definitionen und Grundlagen

Die bekannteste Definition zur nachhaltigen Entwicklung ist die der World Commission on Environment and Development (WCED) im sogenannten „Brundtland-Bericht" aus dem Jahr 1987. Sie lautet aus dem Englischen übersetzt:

> „Nachhaltige Entwicklung ist eine Entwicklung, die den Bedürfnissen der heutigen Generation entspricht, ohne die Möglichkeiten künftiger Generationen zu gefährden, ihre eigenen Bedürfnisse zu befriedigen."[2]

Zunächst erfolgt ein Blick auf die Säulen oder Dimensionen der Nachhaltigkeit. Es ist besonders zu betonen, dass sich Nachhaltigkeit nicht nur auf die Dimension der Ökologie bezieht, sondern „in der sich verschränkenden Verknüpfung der drei (…) Dimensionen Ökologie, Ökonomie und Soziales zusammen."[3] Dies steht im

---

[1] Vgl. Pufé (2017, S. 23).
[2] WCED (1987, S. 32).
[3] Pufé (2017, S. 100).

Gegensatz zu vielen Konzepten, in denen Nachhaltigkeit häufig mit dem Schutz sowie der Verträglichkeit mit der Umwelt in Verbindung gebracht wird.[4]

Es entstand ein Modell, das sogenannte Nachhaltigkeitsdreieck. Durch die Form des gleichseitigen Dreiecks wird symbolisiert, das alle drei Dimensionen gleichberechtigt sind. Hierbei sind nun alle Bereiche operativ abtrennbar, aber dennoch miteinander verknüpft.[5] Daraus lässt sich ableiten, dass etwas zu 100 % nachhaltig ist, wenn es genau im Mittelpunkt des Dreiecks liegt.[6]

2.1.2 SDGs als Referenzrahmen

Die Agenda 2030 für nachhaltige Entwicklung der Vereinten Nationen (UN) besteht aus 17 Zielen zur nachhaltigen Entwicklung, den sogenannten Sustainable Development Goals (SDGs) Abb. 2.1. Sie traten 2016 mit der Zielsetzung in Kraft, die globale Entwicklung im Rahmen der Nachhaltigkeit zu gestalten. Die Agenda steht unter dem Motto „leave no one behind". Damit soll klargestellt werden, dass allen Menschen geholfen werden soll und auch für nachfolgende Generationen ein gutes Leben gesichert werden kann.[7]

Die Ziele berücksichtigen alle drei Dimensionen der Nachhaltigkeit – Soziales, Umwelt, Wirtschaft – und enthalten fünf Kernbotschaften, welche die Zusammenhänge zwischen den verschiedenen Zielen erklären. Diese werden auch die „5 Ps" der Nachhaltigkeit genannt.

„5 Ps" der Nachhaltigkeit

- **Planet:** Den Planeten schützen: Klimawandel begrenzen, natürliche Lebensgrundlagen bewahren
- **People:** Die Würde des Menschen im Mittelpunkt: Eine Welt ohne Armut und Hunger ist möglich
- **Prosperity:** Wohlstand für jeden Menschen fördern: Globalisierung gerecht gestalten

---

[4] Vgl. Pufé (2017, S. 99).
[5] Vgl. Pufé (2017, S. 110 ff.).
[6] Vgl. Pufé (2017, S. 115).
[7] Vgl. BMZ (2023, o. S.).

- **Partnership:** Globale Partnerschaften aufbauen: Erreichung der 17 Ziele bis 2030 mittels strategischer Partnerschaften
- **Peace:** Frieden fördern: Menschenrechte und gute Regierungsführung als Grundlagen allen Handelns

Betrachtet man die einzelnen Ziele Abb. 2.1 z. B. Maßnahmen für den Klimaschutz, menschenwürdige Arbeit und Wirtschaftswachstum, Geschlechter Gleichstellung etc., dann lässt sich daraus ein Referenzrahmen ableiten, um die Auswirkungen des eigenen Handelns zu verdeutlichen. Das funktioniert im privaten Bereich für jeden Menschen, lässt sich aber auch sehr gut z. B. ins Nachhaltige Eventmanagement übersetzen. Informationen, Ideen, Best-Practice-Beispiele und Sofortmaßnahmen zu „SDGs und Events" findet man z. B. auf der Webseite der Tagungswirtschaft.[8]

Abb. 2.1 Ziele für nachhaltige Entwicklung. (Quelle: United Nations, (2015, o. S.))

---

[8] TW-media.com (2023, o. S.).

„SDG-Wedding Cake"

Das Modell der „SDG-Wedding Cake" des Stockholm Resilience Centre[9] entfernt sich vom bisherigen sektoralen Ansatz, bei dem soziale, wirtschaftliche und ökologische Entwicklung als separate Teile betrachtet werden. Diese aufeinander aufbauenden – und somit in ihrer Existenz voneinander abhängenden – Ebenen besagen:

Die vier Ebenen des SDG-Wedding Cake

1. Ökologie (Biosphere) ist die Grundlage allen Lebens (SDG 6, 13, 14, 15).
2. Soziales (Society) steht hier für die Gesellschaft, die sich nur auf dieser Grundlage entwickeln und existieren kann (SDG 1, 2, 3, 4, 5, 7, 11, 16).
3. Ökonomie (Economy) ist ein Teil der Gesellschaft und aus ihr entstanden. Die Wirtschaft dient der Gesellschaft, die sich im sicheren Betriebsraum des Planeten entwickelt (SDG 8, 9, 10, 12).
4. Top of the "Wedding Cake" stellt das SDG 17 – Partnerschaften zur Erreichung der Ziele dar, den nur gemeinsam können wir es in der #decadeofaction noch schaffen

---

Damit wird die Wechselwirkung deutlich: Wir Menschen können ohne Natur und intakte Ökosysteme nicht existieren. Die drei Dimensionen sind gleichberechtigt. So einsteht u. a. großer Druck auf die Ökosysteme durch menschlichen Einfluss, z. B. durch Bevölkerungswachstum, Besiedlung, Bodenversiegelung und unseren Lebensstil: Reisen, Mobilität, Konsum (Verschwendung, Müll, Convenience).

2.2 Nachhaltiges Eventmanagement

2.2.1 Begriffserklärung „Nachhaltige Events"

Die Hauptaspekte, die aktuell bei Nachhaltigen Events berücksichtigt werden, betreffen meistens die Umwelt- und Ressourcenschonung. Allerdings wirken sie sich auch auf soziale und ökonomische Aspekte aus. Da wäre z. B. der soziale Aspekt zu erwähnen, wenn alle verwendeten Produkte aus der Region kommen

---

[9] Stockholm Resilience Centre (2016, o. S.).

und so für Arbeitsplätze sorgen. Auf der anderen Seite steht der ökonomische Aspekt. In einer Studie wurde herausgefunden, dass Nachhaltige Events sogar zu Kostenersparnissen führen können.[10]

2.2.2 Handlungsfelder „Nachhaltige Events"

Jede Veranstaltung, jedes Event, jedes Eventziel, jede Zielgruppe ist anders, von daher gibt es bei der Planung und Durchführung auch im Nachhaltigen Eventmanagement nicht die eine „One Fits All" Lösung. Es gibt unterschiedliche Herangehensweisen an die Planung und Umsetzung nachhaltiger Events, gerade am Anfang lohnt sich eine Fokussierung auf einige Handlungsfelder – wichtig dabei ist nur, dass man bei der Erfüllung eines Handlungszieles nicht einem anderen Schaden zufügt.

Nachfolgend sind vier Wege skizziert, um Handlungsfelder und Sofortmaßnahmen zu identifizieren.

Handlungsfelder der Nachhaltigkeit – nach den drei Dimensionen:

- **Ökologie:** Mobilität, Unterkunft und Location, Ressourcenverbrauch, Energieeffizienz, Wasser und Abwasser, Abfall, Lärm, Catering, CO_2-Emissionen, Biodiversität, Give-Aways …
- **Soziales:** Diversity, Gender-Equity, Partizipation, Events als Safer Spaces, Barrierefreiheit, Inklusion, Gesundheit, Gerechtigkeit, lokale Lieferanten, regionale Arbeitsplätze, Bildung, Arbeitsbedingungen, Arbeitszeiten, faire Löhne…
- **Ökonomie:** Einsparungen bei Ressourcen, Energie, Wasser, Abfall etc., Kostenreduktion, Konsumverhalten, lokale und globale wirtschaftliche Wirkung …

Wichtig ist hierbei, wie schon in Abschn. 2.1.1 erwähnt, dass alle drei Dimensionen der Nachhaltigkeit berücksichtigt werden.

Handlungsfelder der Nachhaltigkeit – in Bezug auf das Einzahlen auf einzelne SDGs
Als Beispiel betrachten wir an dieser Stelle SDG 13 – Maßnahmen zum Klimaschutz.

---

[10] Vgl. Böhling (2021, S. 59 f.).

Das Nachhaltigkeitsziel Nummer 13 ruft zu umgehenden Maßnahmen zur Bekämpfung des Klimawandels und seiner Auswirkungen auf. Für die Veranstaltungswirtschaft bedeutet dies u. a., dass Veranstaltungen klimafreundlich gestaltet und auf eine Reduktion von CO_2-Emissionen ausgerichtet werden sollten. Dazu können beispielsweise der Einsatz erneuerbarer Energien, die Nutzung von öffentlichem Verkehr und die Reduktion von Einwegprodukten beitragen. Auch die Kompensation von tatsächlich unvermeidbaren Emissionen durch Investitionen in Klimaschutzprojekte oder der Aufkauf von Emissionszertifikaten kann eine Möglichkeit sein, auf SDG 13 einzuzahlen. Voraussetzung dafür ist allerdings, dass alles, was zum aktuellen Zeitpunkt möglich ist, unternommen wird, um entstehende CO_2-Emissionen zu vermeiden und verringern.

Es ist möglich und sogar ratsam sich einige Fokus-SDGs auszuwählen und damit zu beginnen. Möglicherweise hat der Auftraggeber bereits einige SDGs für sein Unternehmen priorisiert oder das aktuell zu planende Event steht unter einem besonderen Motto. Wichtig ist, dass bei der Einzahlung auf ein Ziel kein anderes geschädigt wird.

Handlungsfelder der Nachhaltigkeit – nach Geschäftsaktivitäten
Eine weitere Möglichkeit für die Festlegung von Handlungsfeldern, die maßgeblich für den Zweck des Unternehmens sind, ist die Zugrundelegung von Geschäftsaktivitäten Abb. 2.2 Diese Abbildung zeigt beispielhaft 12 Handlungsfelder inkl. erster Maßnahmen des Nachhaltigen Eventmanagements, die auf den Erkenntnissen des Umweltbundesamts[11] basieren und von VOK DAMS adaptiert wurden.

Herangehensweise zur Erfassung der Geschäftsaktivitäten und Ermittlung der Handlungsfelder
Kriterien zur Priorisierung der Geschäftsaktivitäten können Beschaffungskosten oder das Verkaufsvolumen der Produkte/Dienstleistungen sein. Nach der Ermittlung der Geschäftsaktivitäten sollten für diese Aktivitäten die wesentlichen Nachhaltigkeitsauswirkungen erfasst und Risiken bewertet werden (Stichwort: Wesentlichkeitsanalyse). Anschließend wird das Wissen über negative Nachhaltigkeitsauswirkungen und -risiken in die Frage „übersetzt", welche Themen und Handlungsfelder ausgewählt werden sollten, um das Event nachhaltig gestalten und optimieren zu können.

---

[11] Vgl. BMUV (2023, o. S.).

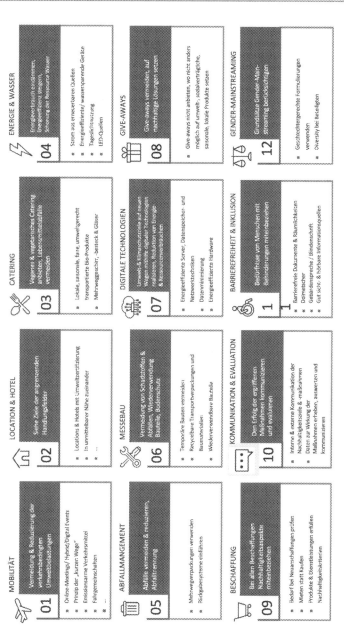

Abb. 2.2 Handlungsfelder der Nachhaltigkeit nach Geschäftsaktivitäten. (Quelle: Eigene Darstellung VOK DAMS in Anlehnung an den Leitfäden des Umweltbundesamtes, BMUV (2023, o. S.))

MOBILITÄT

01

Vermeidung & Reduzierung der verkehrsbedingten Umweltbelastungen

* Online-Meetings/ Hybrid/ Digital Events
* Prinzip der „kurzen Wege"
* Emissionsarme Verkehrsmittel
* Fahrgemeinschaften
* …

LOCATION & HOTEL

02

Siehe Ziele der angrenzenden Handlungsfelder

* Locations & Hotels mit Umweltzertifizierung
* In unmittelbarer Nähe zueinander
* …

CATERING

03

Vegane & vegetarisches Catering anbieten, Lebensmittelabfälle vermeiden

* Lokale, saisonale, faire, umweltgerecht transportierte Bio-Produkte
* Mehrweggeschirr, -besteck & Gläser

ENERGIE & WASSER

04

Energieverbrauch eindämmen, Energieeffizienz steigern, Schonung der Ressource Wasser

* Strom aus erneuerbaren Quellen
* Energieeffiziente/ wassersparende Geräte
* Tageslichtnutzung
* LED-Quellen

ABFALLMANAGEMENT

05

Abfälle vermeiden & reduzieren, Abfalltrennung

* Mehrwegverpackungen verwenden
* Rückgabesysteme einführen

MESSEBAU

06

Vermeidung von Schadstoffen & Abfällen, Wiederverwendung Bauteile, Bodenschutz

* Temporäre Bauten vermeiden;
* Recycelbare Transportverpackungen und Baumaterialien
* Wiederverwendbare Bauteile

DIGITALE TECHNOLOGIEN

07

Umwelt- & Klimaschutzziele auf neuen Wegen mithilfe digitaler Technologien realisieren, Reduktion von Energie & Ressourcenverbrauchen

* Energieeffiziente Server, Datenspeicher- und Netzwerktechniken
* Datenminimierung
* Energieeffiziente Hardware

GIVE-AWAYS

08

Give-aways vermeiden, auf nachhaltige Lösungen setzen

* Give-aways nicht anbieten, wo nicht anders möglich auf umwelt-, sozialverträgliche, saisonale, lokale Produkte setzen

BESCHAFFUNG

09

Bei allen Beschaffungen Nachhaltigkeitsaspekte mitbeziehen

* Bedarf bei Neuanschaffungen prüfen
* Mieten statt Kaufen
* Produkte & Dienstleistungen erfüllen Nachhaltigkeitskriterien

KOMMUNIKATION & EVALUATION

10

Den Erfolg der ergriffenen Maßnahmen kommunizieren und evaluieren

* Interne & externe Kommunikation der Nachhaltigkeitsziele & -maßnahmen
* Daten zur Wirkung der Maßnahmen erheben, auswerten und kommunizieren

BARRIEREFREIHEIT & INKLUSION

11

Bedürfnisse von Menschen mit Behinderungen miteinbeziehen

* Barrierefreie Dokumente & Räumlichkeiten
* Dolmetscher
* Gebärdensprache / Blindenschrift
* Gut sicht- & hörbare Informationsquellen

GENDER-MAINSTREAMING

12

Grundsätze Gender-Mainstreaming berücksichtigen

* Geschlechtergerechte Formulierungen verwenden
* Diversity bei Beteiligten

Handlungsfelder der Nachhaltigkeit – Ableiten aus Checklisten zum Nachhaltigen Eventmanagement

- **Transportoptionen:** Fördern Sie umweltfreundliche Transportmöglichkeiten für die Teilnehmer, wie z. B. den öffentlichen Nahverkehr, Fahrgemeinschaften oder das Fahrradfahren. Bieten Sie Informationen über nachhaltige Transportoptionen an und belohnen Sie Teilnehmer, die umweltfreundliche Transportmittel nutzen.
- **Ressourceneffiziente Location:** Wählen Sie eine Veranstaltungslocation, die umweltfreundlich ist und über nachhaltige Praktiken verfügt. Achten Sie dabei auf energiesparende Beleuchtung, Recyclingmöglichkeiten und umweltfreundliche Transportoptionen.
- **Barrierefreiheit:** Dies beinhaltet bei Events die Schaffung von zugänglichen Veranstaltungsorten, barrierefreier Kommunikation und Sensibilisierung für unterschiedliche Bedürfnisse, um sicherzustellen, dass alle Teilnehmer uneingeschränkt teilnehmen können und eine inklusive Umgebung geschaffen wird.
- **Virtuelle Teilnahmeoptionen:** Integrieren Sie virtuelle Teilnahmemöglichkeiten, um die Anzahl der Reisen und den damit verbundenen Kohlenstoffausstoß zu reduzieren. Bieten Sie beispielsweise Live-Streaming oder Online-Kommunikationstools an, damit Personen von verschiedenen Standorten aus teilnehmen können.
- **Nachhaltige Materialien:** Verwenden Sie wiederverwendbare, recycelte oder biologisch abbaubare Materialien für Veranstaltungsutensilien wie Namensschilder, Tischdecken und Dekorationen. Reduzieren Sie den Einsatz von Einwegplastik und fördern Sie die Verwendung von wiederverwendbaren Trinkflaschen und Geschirr.
- **Abfallmanagement:** Implementieren Sie ein effektives Abfallmanagementsystem, das Recycling-, Kompostierungs- und Müllentsorgungsmöglichkeiten bietet. Stellen Sie deutlich sichtbare Recyclingbehälter auf und ermutigen Sie die Teilnehmer aktiv zum Recycling.
- **Nachhaltige Verpflegung:** Wählen Sie Catering-Optionen, die bevorzugt vegetarische und vegane Speisen beinhalten und aus regionalen, saisonalen und biologischen Lebensmitteln bestehen. Reduzieren Sie den Lebensmittelabfall, indem Sie die Teilnehmer im Voraus nach ihren Präferenzen fragen und angemessene Portionsgrößen anbieten.
- **Energieeffizienz:** Vermeiden Sie den unnötigen Energieverbrauch, indem Sie energieeffiziente Beleuchtungssysteme nutzen und Geräte ausschalten, wenn sie

nicht benötigt werden. Verwenden Sie bei Bedarf erneuerbare Energiequellen wie Solarenergie oder Windenergie.

- **Kompensation des CO_2-Ausstoßes:** Berechnen Sie die geschätzte Menge an CO2-Emissionen, die durch die Veranstaltung und die Anreise der Teilnehmer entstehen, und kompensieren Sie sie durch Investitionen in CO2-Ausgleichsprojekte wie z. B. Aufforstungsprogramme oder erneuerbare Energien. Der eigentlichen Kompensation sollte auf jeden Fall eine Reduzierung und Vermeidung von CO_2-Emissionen vorangegangen sein.
- **Engagement der Teilnehmenden:** Sensibilisieren Sie die Teilnehmenden für Nachhaltigkeitsthemen und ermutigen Sie sie zu umweltfreundlichem Verhalten während der Veranstaltung. Bieten Sie Informationen über nachhaltige Praktiken, organisieren Sie interaktive Workshops oder Spiele und belohnen Sie umweltbewusstes Verhalten.
- **Nachhaltigkeitsberichterstattung:** Kommunizieren Sie transparent über die nachhaltigen Maßnahmen, die während der Veranstaltung ergriffen wurden, und teilen Sie die Ergebnisse und Erfolge mit den Teilnehmenden. Dies fördert Bewusstsein und Verantwortungsbewusstsein für nachhaltiges Handeln.

Auch diese Auflistungen sind nicht vollständig, sondern enthalten lediglich Beispiele. Selbstverständlich gilt auch beim Arbeiten mit Leitfäden oder Checklisten, dass alle drei Dimensionen der Nachhaltigkeit zu berücksichtigen sind.

2.2.3 Auswahl relevanter Handlungsfelder eines Events

Diese Ideen stellen nur einen Teil der Möglichkeiten dar. Sie können Ihnen dabei helfen, nachhaltige Praktiken in die Planung und Durchführung von Veranstaltungen zu integrieren. Indem Sie bewusste Entscheidungen treffen und die Teilnehmer aktiv einbinden, können Sie einen positiven Impact mit Ihrer Veranstaltung erzielen. Nachhaltiges Eventmanagement kann aber nur dann wirkungsvoll sein, wenn alle relevanten Nachhaltigkeitsthemen und Handlungsfelder (gemeinsam) betrachtet werden.

2.3 Standards und Zertifizierungen für Nachhaltiges Eventmanagement

Es gibt eine unüberschaubare Vielzahl von Standards und „Zertifizierungen"
für Nachhaltiges Eventmanagement. Viele Verbände, Beratungen und Agenturen
schaffen eigene „Standards", Verpflichtungs-Dokumente, Chartas etc.

Eine gute Übersicht bietet die Zusammenstellung von fwd: Bundesvereinigung
für Veranstaltungswirtschaft[12] Abb. 2.3

Standards und Zertifizierungen bei VOK DAMS
Da sich VOK DAMS nach intensiven Recherchen für folgende Kombination entschieden hat:

Als Management-System auf Unternehmensebene für den ZNU-Standard
Nachhaltiger Wirtschaften und auf der Eventebene die Integration der ISO
20121:2012 in das bestehende Managementsystem ISO 9001.

werden diese beiden Standards im weiteren Verlauf intensiver beleuchtet
und vorgestellt.

Die Praxis hat gezeigt, dass ein bestehendes Qualitäts-Management-
System nach ISO 9001 eine solide Basis für eine zügige Einführung
eines Nachhaltigkeits-Management-System bietet. Eine unabhängige dritte
Zertifizierungsstelle (zum Beispiel der TÜV-Rheinland) überprüft in regelmäßigen Audits die Einführung.

2.3.1 ZNU-Standard Nachhaltiger Wirtschaften

Auf Agentur-Ebene bietet sich der ZNU-Standard Nachhaltiger Wirtschaften an
(Abb. 2.4). Das ZNU – Zentrum für Nachhaltige Unternehmensführung der Universität Witten/Herdecke hat sich das Ziel gesetzt, „Nachhaltigkeit greifbarer
und messbar zu machen" und insbesondere mittelständische Unternehmen zu
unterstützen, auf Unternehmens- und auf Produktebene schrittweise mehr Verantwortung für Mensch und Natur zu übernehmen, um damit einen messbaren
Beitrag zum „nachhaltigen Wandel in Wirtschaft und Gesellschaft zu leisten."[13]

---

[12] Fwd: Bundesvereinigung für Veranstaltungswirtschaft (2023, o. S.).
[13] Vgl. ZNU (2023, o. S.).

Abb. 2.3   fwd: Übersicht: Nachhaltigkeit: Zertifizierungen und Berichtsstandards. (Quelle: fwd: Bundesvereinigung für Veranstaltungswirtschaft (2023, o. S.))

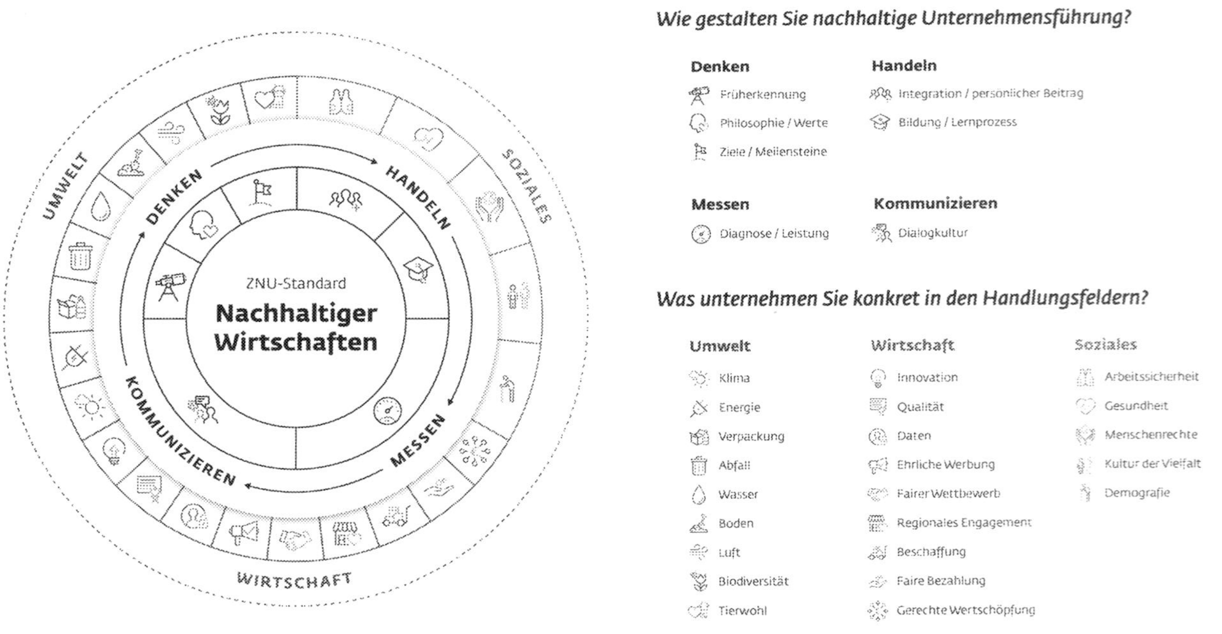
ZNU-Standard
Nachhaltiger Wirtschaften
DENKEN
HANDELN
MESSEN
KOMMUNIZIEREN
UMWELT
SOZIALES
WIRTSCHAFT
Wie gestalten Sie nachhaltige Unternehmensführung?
Denken
Früherkennung
Philosophie / Werte
Ziele / Meilensteine
Handeln
Integration / persönlicher Beitrag
Bildung / Lernprozess
Messen
Diagnose / Leistung
Kommunizieren
Dialogkultur
Was unternehmen Sie konkret in den Handlungsfeldern?
Umwelt
Klima
Energie
Verpackung
Abfall
Wasser
Boden
Luft
Biodiversität
Tierwohl
Wirtschaft
Innovation
Qualität
Daten
Ehrliche Werbung
Fairer Wettbewerb
Regionales Engagement
Beschaffung
Faire Bezahlung
Gerechte Wertschöpfung
Soziales
Arbeitssicherheit
Gesundheit
Menschenrechte
Kultur der Vielfalt
Demografie

Abb. 2.4 ZNU-Standard Nachhaltiger Wirtschaften – Wie gestalten Sie nachhaltige Unternehmensführung. (Quelle: ZNU (2023, o. S.))

Warum bietet sich der ZNU-Standard Nachhaltiger Wirtschaften an?[14]

- **Glaubwürdigkeit:** Der ZNU-Standard wurde an der Universität Witten/ Herdecke entwickelt. Er bietet Agenturen und anderen Organisationen einen Rahmen, die eigenen Nachhaltigkeitsaktivitäten in den Dimensionen Umwelt, Wirtschaft und Soziales sowie der nachhaltigen Unternehmensführung zu erfassen, messbar zu machen und transparent gegenüber Stakeholdern zu kommunizieren. Der Standard ist seit 2013 durch unabhängige Zertifizierungsstellen zertifizierbar. Zudem steht die Akkreditierung des Standards durch die DAkkS (Deutsche Akkreditierungsstelle) kurz bevor.
- **Nachhaltigkeitsbewertung:** Der Standard ermöglicht es Unternehmen, ihre Nachhaltigkeitsleistung systematisch zu bewerten und kontinuierlich zu verbessern. Die Umsetzung der Anforderungen wird jährlich im Rahmen von Third-party-Audits durch unabhängige Zertifizierungsstellen überprüft. Dies kann dazu beitragen, dass Event-Agenturen die Auswirkungen ihrer Tätigkeiten in den drei Dimensionen der Nachhaltigkeit besser verstehen und minimieren.
- **Prozessoptimierung:** Der Nachhaltigkeitsstandard des ZNU bietet als integriertes Managementsystem – auch in Verbindung mit bestehenden QS-Systemen – eine solide Grundlage, interne Prozesse zu optimieren, Innovationen voranzutreiben und Ressourcen effizienter zu nutzen. Ein wichtiges Element ist die Früherkennung, um wesentliche Themen im Eventmanagement zu identifizieren und rechtzeitig sowie angemessen anzugehen.
- **Gesetzliche Anforderungen:** Der ZNU-Standard integriert verschiedene Regelwerke auf Produkt- und Unternehmensebene. Er hilft Unternehmen dabei, ihre Nachhaltigkeitsaktivitäten zu strukturieren und bereitet sie gut auf zukünftige gesetzliche Anforderungen und kommende Branchenstandards in Bezug auf Nachhaltigkeit vor.
- **Wettbewerbsvorteil:** Eine Event-Agentur, die den ZNU-Standard anwendet, kann sich von ihren Wettbewerbern abheben und ihre Reputation steigern, indem sie ihren Kunden nachhaltigere und verantwortungsbewusstere Events anbietet. Zudem führt die geforderte Früherkennung dazu,

---

[14] Vgl. ZNU (2023, o. S.).

dass Risiken minimiert werden können, da diese v. a. bei kritischen Themen (z. B. Abfall, Chemikalien, CO_2-Fußabdruck, Sicherheit) rechtzeitig
erkannt werden.

- **Motivation der Mitarbeitenden:** Die Umsetzung des ZNU-Standards
  trägt dazu bei, ein positives Arbeitsumfeld zu schaffen, in dem Mitarbeitende sich motiviert fühlen, einen eigenen Beitrag zum Nachhaltigkeitsen-
  gagement des Unternehmens zu leisten. Dies führt auch zu einer höheren
  Arbeitgeberattraktivität.

Insgesamt bietet der ZNU-Standard einer Event-Agentur die Möglichkeit,
ihre Nachhaltigkeits-leistung kontinuierlich zu verbessern und gleichzeitig ihre Reputation als verantwortungsbewusstes Unternehmen zu
stärken. Er ist der erste ganzheitliche und extern zertifizierbare Nachhaltig-
keitsmanagementstandard, der branchenunabhängig angewendet werden
kann.

Warum haben wir bei VOK DAMS uns für den ZNU-Standard entschieden?
Neben den oben genannten Gründen waren zusätzlich folgende Dinge für uns bei
VOK DAMS ausschlaggebend. Der ZNU-Standard ist kein Berichtsstandard, sondern ein Managementsystem, das die nachhaltige Entwicklung in Unternehmen
fordert und fördert und auf Berichtsanforderungen gut vorbereitet. Er berücksichtigt
dabei auch gleich mehrere international anerkannte Nachhaltigkeitsberichtspflicht-
Standards wie z. B. GRI und DNK. Dies ist einer der zusätzlichen Gründe, warum
wir uns bei VOK DAMS worldwide – als international agierende Agentur – für
den ZNU-Standard entschieden haben. Zudem wird der Standard regelmäßig über-
arbeitet, damit aktuelle Themen mit einfließen können. So wird aktuell an der
Revisionsfassung 2023 gearbeitet, bei der z. B. Themen wie Klimaanpassung oder
Finanzen mit aufgenommen werden. Außerdem wird zur Erfüllung der neuen CSRD
(Corporate Sustainability Reporting Directive) auf die ESRS-Version für KMU
gewartet, um auch den neuen Nachhaltigkeitsberichtspflichten gerecht zu werden.[15]

---

[15] Vgl. ZNU (2023, o. S.).

2.3.2   ISO 20121:2012

Die ISO 20121 ist der international führende Standard für nachhaltige Events. Die Norm bietet einen systematischen Rahmen, um nachhaltige Managementpraktiken im Eventmanagement umzusetzen und damit die negativen Auswirkungen auf ökonomische, ökologische und soziale Aspekte zu verringern. Die Norm ist flexibel auf verschiedene Strukturen rund um die Eventorganisation anwendbar. Sie liefert Leitlinien und Best Practices, um die wichtigsten Ziele individuell festzulegen, ihre Umsetzung zu überwachen und Verbesserungen messbar zu machen.[16]

Warum bietet sich die ISO 20121 als Standard für Nachhaltige Events an?

- **International anerkannt:** Als internationaler Standard ist ISO 20121 in vielen Ländern bekannt und akzeptiert. Dies erleichtert die Zusammenarbeit mit globalen Kunden und Partnern, die nachhaltige Veranstaltungen erwarten und anerkennen.
- **Ganzheitlicher Ansatz:** ISO 20121 bietet einen umfassenden Ansatz zur Integration von Nachhaltigkeit in alle Aspekte eines Events, einschließlich Konzeption, Planung, Durchführung und Nachbereitung. Dies stellt sicher, dass alle relevanten Aspekte berücksichtigt werden, um den Fußabdruck der Veranstaltung zu minimieren.
- **Flexibilität:** Der ISO 20121-Standard ist flexibel und anpassungsfähig an die Bedürfnisse verschiedener Event-Typen, Größen und Organisationen. Dies ermöglicht es Unternehmen, den Standard entsprechend ihrer Größe, Branche und Art der Veranstaltung agil anzuwenden. Agiles Event-Management ermöglicht Nachhaltigkeit in Echtzeit, Anpassungen während des gesamten Event-Prozesses vorzunehmen, kontinuierlich auf neue Informationen und Veränderungen reagieren, um sicherzustellen, dass Nachhaltigkeitsziele jederzeit berücksichtigt werden.
- **Kontinuierliche Verbesserung:** Durch die Ausrichtung der ISO 20121 nach dem „Plan – Do – Check – Act – Zyklus" in Kombination mit Agilen Event-Projektmanagementmethoden fördert einen kontinuierlichen Verbesserungsprozess. Event-Agenturen können ihre Nachhaltigkeitsleistung

---

[16] Vgl. ISO Org. (2023, o. S.).

regelmäßig überprüfen und anpassen, um auf Veränderungen und neue
Erkenntnisse zu reagieren.

- **Risikomanagement:** Die Einhaltung des ISO 20121-Standards hilft
  Unternehmen, Risiken im Zusammenhang mit Umwelt-, Sozial- und
  Governance-Themen besser zu identifizieren und zu managen. Dies
  minimiert potenzielle negative Auswirkungen und schützt den Ruf des
  Veranstalters/der einladenden Marke – positiv mit der Angst der Kunden
  spielen.
- **Wettbewerbsvorteil:** Die Zertifizierung nach ISO 20121 zeigt ein starkes
  Engagement für Nachhaltigkeit und kann dazu beitragen, das Vertrauen
  von Kunden, Partnern und anderen Stakeholdern zu stärken. Dies kann
  zu einem Wettbewerbsvorteil führen, indem man sich von anderen Event-
  Agenturen abhebt.
- **Gesetzliche Anforderungen:** Die Einhaltung des ISO 20121-Standards
  unterstützt Unternehmen dabei, gesetzliche Anforderungen und Branchenstandards in Bezug auf Nachhaltigkeit einzuhalten, was das Risiko von
  Sanktionen und Strafen minimiert.

Insgesamt bietet der ISO 20121-Standard einen umfassenden und anerkannten Rahmen für nachhaltiges Eventmanagement. Die Einhaltung
dieses Standards kann Unternehmen dabei unterstützen, ihre Nachhaltigkeitsziele zu erreichen, ihre Reputation zu stärken und langfristigen Erfolg
zu sichern.

Zertifizierungsstelle

Sowohl bei der Zertifizierung des ZNU-Standard Nachhaltiger Wirtschaften als
auch bei der ISO 20121-Zertifizierung sollte auf die Wahl einer angesehenen und
akkreditierten Zertifizierungsstelle geachtet werden. Wir bei VOK DAMS haben
uns aufgrund der folgenden Vorteile für die Abnahme durch den TÜV (Technischer
Überwachungsverein) Rheinland entschieden:

- **Glaubwürdigkeit:** Zertifizierungen von einer angesehenen Zertifizierungsstelle
  wie dem TÜV Rheinland verleiht der Zertifizierung Glaubwürdigkeit und Vertrauen. Der TÜV ist international bekannt und anerkannt für seine Fachkenntnisse
  und Unabhängigkeit bei der Durchführung von Audits und Zertifizierungen.
- **Akkreditierung:** Eine renommierte Zertifizierungsstelle wie der TÜV ist in der
  Regel von einer nationalen Akkreditierungsstelle anerkannt. Dies bedeutet, dass

sie bestimmte Qualitätsstandards erfüllen und ihre Kompetenz und Unabhängigkeit durch regelmäßige Überprüfungen nachweisen müssen. Eine akkreditierte Zertifizierung erhöht die Akzeptanz und Vertrauenswürdigkeit des Zertifikats.

- **Expertise und Erfahrung**: Der TÜV verfügt über langjährige Erfahrung in der Durchführung von Audits und Zertifizierungen in verschiedenen Branchen. Sie haben Fachleute mit fundiertem Wissen über die relevanten Anforderungen und können eine qualitativ hochwertige Bewertung und Zertifizierung gewährleisten.
- **Internationaler Ruf**: Der TÜV ist international tätig und hat einen guten Ruf in der Industrie. Ein Zertifikat, das von einer solch anerkannten Zertifizierungsstelle ausgestellt wird, wird von Unternehmen, Organisationen und Stakeholdern weltweit anerkannt und respektiert.

> Die Zertifizierungen müssen nicht zwingend vom TÜV Rheinland durchgeführt werden. Es gibt auch andere akkreditierte Zertifizierungsstellen, die in der Lage sind, eine ISO 20121-Zertifizierung und eine ZNU-Zertifizierung durchzuführen. Die Wahl einer angesehenen und kompetenten Zertifizierungsstelle ist jedoch von Bedeutung, um die Glaubwürdigkeit und Akzeptanz des Zertifikats zu gewährleisten und den Ruf der Zertifikate im Allgemeinen nicht zu schädigen.

2.4   Agiles Eventmanagement

Dieses Kapitel und somit die darin enthaltenen Informationen stellen eine Zusammenfassung dar und beruhen auf dem Essential „Agile Event Management" von Colja M. Dams aus dem Jahr 2019.[17]

2.4.1   Begriffserklärung

Agiles Eventmanagement ist eine Methode, um Veranstaltungen auf eine flexible und dynamische Weise zu planen und zu organisieren. Im Gegensatz zu traditionellem Eventmanagement, das oft eine starre Planung und einen strikten Zeitplan vorsieht, erlaubt die agile Methode eine kontinuierliche Anpassung an sich ändernde Bedingungen und Anforderungen.

---

[17] Vgl. Dams (2019, o. S.).

2.4.2 Wozu brauche ich Agiles Eventmanagement?

Deutlich wird es an der Rolle von Veränderungen im klassischen, verglichen mit dem Agilen Projektmanagement. Im klassischen Projektmanagement können die Stakeholder zu Beginn einen hohen Einfluss (Briefing/Konzeptentwicklung) auf die Projektgestaltung nehmen. Mit fortschreitendem Projektverlauf (je näher das Event rückt) wird dieser Einfluss jedoch geringer oder mit höherem Änderungsaufwand (Kapazitäten/Kosten) verbunden. Je später Änderungen eingebracht werden, desto teurer wird das Ergebnis. Im Vergleich dazu können die Stakeholder beim Agilen Projektmanagement immer wieder Einfluss nehmen und die Kosten dafür im Rahmen halten. Der Umgang mit Änderungen wird also deutlich optimiert.

Unabhängig von den Entwicklungen zum Agilem Projektmanagement haben Deci/Ryan[18] drei psychologische Grundbedürfnisse des Menschen empirisch nachgewiesen: Kompetenz, Autonomie und soziale Eingebundenheit (Relatedness). Agile Projektarbeit befriedigt gezielt diese Grundbedürfnisse. Kompetenz steht für das Gefühl, möglichst effektiv die als wichtig verstandenen Dinge beeinflussen zu können. Autonomie versteht sich als Gefühl der Freiwilligkeit. Die soziale Eingebundenheit definiert die Bedeutung jedes einzelnen im sozio-kulturellen Kontext der Arbeitsgruppe.

Die Befriedigung dieser psychologischen Grundbedürfnisse ist einer der Gründe für die wachsende Beliebtheit Agilen Projektmanagements. Es ist daher ein logischer Schritt, die Agilität auch in das Projektmanagement des Live-Marketings zu integrieren, um hier Prozesse effizienter und schneller zu machen sowie die Motivation des Teams zu erhöhen. So können die agilen Werte, Prinzipien, Teamstrukturen, Methoden und Techniken adaptiert werden zum „Agilen Eventmanagement".

2.4.3 Prinzipien des Agilen Eventmanagements

Beim Transfer der agilen Prinzipien in das Agile Eventmanagement wurde jedes einzelne Prinzip überprüft und für die tägliche Arbeit im Projekt adaptiert.

Im Rahmen der Umstellung einer Agentur legt das Team gemeinsam Leitlinien fest, die Anleitung und Orientierung geben. Diese werden in der täglichen Arbeit immer wieder neu konkretisiert und ständig hinterfragt. Im Anschluss an die

---

[18] Vgl. Deci und Richard (2008, S. 182 ff.).

gemeinsame Erstellung eines „Agilen Manifests" werden Prinzipien definiert, die als Leitfaden in den täglichen Arbeitsprozessen dienen.

Nachfolgend die beispielhafte Darstellung eines „Agilen Manifests"

- **Veränderung begrüßen:** Veränderungen im Projektverlauf werden als normal angesehen und führen nicht zu Verstimmungen im Team. Das Team begreift Veränderung als Chance und begrüßt Änderungen der Anforderungen, auch wenn diese sich erst im Laufe des Projektes ergeben. Agile Prozesse nutzen dabei den permanenten Wandel zum Nutzen des Kunden.
- **Iteration/Inkremente:** Die Projektarbeit erfolgt Schritt für Schritt. Das Team definiert, wie viele Schritte benötigt werden und den zeitlichen Rahmen.
- **Retrospektiven:** Regelmäßig wird die eigene Arbeit im Team reflektiert und ständig verbessert. Das Team reflektiert in regelmäßigen Abständen darüber, wie es noch effektiver und effizienter werden kann und passt sein Verhalten daraufhin an.
- **Reviews:** Regelmäßig werden gemeinsam mit dem Kunden Teilergebnisse präsentiert und sein Feedback eingefordert. Kunde und Agentur müssen intensiv im Projekt zusammenarbeiten.
- **Zeit:** Es werden nur Arbeiten gemacht, die auch tatsächlich notwendig sind, denn Zeit ist das höchste Gut im Projektprozess.
- **Selbstorganisierte Teams:** Die Teams organisieren sich selbst. Dies hat zur Folge, dass sowohl intensiver und effizienter gearbeitet als auch Verantwortung übernommen wird. Die besten Strategien, Konzepte und Umsetzungsideen entstehen in Teams, die sich selbst organisieren.
- **Teamunterstützung:** Setze Teammitglieder mit agilem Mindset in den Projekten ein. Gib ihnen die nötige Umgebung und Unterstützung und vertraue ihnen, den Job bestens zu erledigen.
- **Face-to-Face Kommunikation:** Die Kommunikation von Angesicht zu Angesicht ist die effizienteste und effektivste Art der Informationsweitergabe in einem agilen Team (vor allem, wenn es sich – wie eine Event-Agentur – mit direkter Kommunikation mit definierten Zielgruppen beschäftigt)

- **Teamentwicklung:** Agile Prozesse unterstützen nachhaltige Entwicklung. Das Projektteam (Kunde + Agentur + Partner) sollte dabei auf ein gleichbleibendes Tempo ohne Unterbrechung achten.
- **Agiles Mindset:** Das agile Mindset wird benötigt, um Horizonterweiterung, Streben nach Innovationen und Anwendung von Trends zu fördern.
- **Qualitätsanspruch:** Das Team liefert pünktliche, qualitativ hochwertige, kreative und dabei auch wirtschaftliche Lösungen während des gesamten Projektverlaufs.
- **Einfachheit:** Einfachheit ist essenziell.

2.4.4 Erfolgsfaktoren des Agilen Eventmanagements

Die Erfolgsfaktoren des Agilen Eventmanagements, die den Erwartungen der Teilnehmenden entsprechen und eine hohe Kundenzufriedenheit gewährleisten, sind:

- **Offene und effektive Kommunikation:** Eine offene und effektive Kommunikation ist ein wichtiger Erfolgsfaktor, da sie sicherstellt, dass alle Beteiligten auf dem gleichen Stand sind und Änderungen schnell und effektiv umgesetzt werden können.
- **Flexibilität:** Agiles Eventmanagement erfordert eine hohe Flexibilität, um sich schnell an Veränderungen anpassen zu können. Es ist wichtig, dass die Planung und Organisation des Events agil und anpassungsfähig gestaltet sind.
- **Zusammenarbeit:** Agile Eventmanagement erfordert eine enge Zusammenarbeit zwischen allen Beteiligten, um schnell und flexibel im Team zielgerichtet zu bleiben.
- **Iterative Planung und kontinuierliches Feedback:** Die iterative Planung und kontinuierliches Feedback von Kunden und Teilnehmern sind zentral für den Erfolg von Agilen Eventmanagement. Es ist wichtig, dass das Event regelmäßig überprüft und angepasst wird, um sicherzustellen, dass es auch den Bedürfnissen der Teilnehmenden entspricht.

- **Schnelle Prototypenentwicklung:** Schnelle Prototypenentwicklung ermöglicht es, Ideen schnell zu testen und schnell Feedback zu erhalten. Dies steigert die Qualität und Einzigartigkeit des Events.
- **Technologie:** Technologie kann dazu beitragen, die Planung und Organisation von Events zu erleichtern. Von der Registrierung bis zur Teilnehmerverfolgung und Analyse kann Technologie dazu beitragen, das Eventmanagement effektiver und effizienter zu gestalten.

2.4.5   Warum Agiles Eventmanagement die Basis zu nachhaltigem Handeln ist

Die Verschmelzung von Agilem Eventmanagement und Nachhaltigkeit ermöglicht eine bessere Anpassung an Veränderungen, eine stärkere Einbindung von Stakeholdern und eine kontinuierliche Verbesserung der Nachhaltigkeitsleistung.

- **Nachhaltigkeit als gemeinsames Ziel:** Agiles Projektmanagement fördert die Schaffung von selbstorganisierten Teams, die auf ein gemeinsames Ziel hinarbeiten. Nachhaltiges Handeln kann als solch gemeinsames Ziel dienen. Indem Nachhaltigkeit in Event-Projektziele integriert wird, wird es für alle Teammitglieder zu einer Priorität und kann zu einem starken gemeinsamen Antrieb führen. Nachhaltigkeit und Agiles Projektmanagement setzten gleichermaßen den Fokus auf langfristige Ergebnisse und schnelle Erfolge beim verantwortungsvollen Umgang mit Ressourcen.
- **Stakeholder-Einbindung:** Agiles Projektmanagement legt einen starken Fokus auf die Zusammenarbeit mit den relevanten Stakeholdern. Bei Nachhaltigem Eventmanagement sind Stakeholder wie Kunden, Mitarbeitende, Lieferanten und eingeladene Gäste von großer Bedeutung. Durch die enge Einbindung der Stakeholder in den agilen Prozess können nachhaltige Aspekte berücksichtigt und ihre Bedürfnisse und Perspektiven in den Entscheidungsprozess einbezogen werden. Sowohl Agiles Projektmanagement als auch Nachhaltigkeit fördern Transparenz in Bezug auf Ziele, Fortschritte und Herausforderungen. Diese

Transparenz ermöglicht es Teams, besser informierte Entscheidungen zu treffen und durch ehrliche Kommunikation Vertrauen bei Stakeholdern aufzubauen.

- **Flexibilität und Anpassungsfähigkeit:** Agiles Projektmanagement zeichnet sich durch eine flexible und iterative Vorgehensweise aus. Es ermöglicht schnelle Anpassungen und Reaktionen auf sich ändernde Anforderungen und Umstände. Nachhaltiges Handeln erfordert ebenfalls Flexibilität, da sich Umwelt- und soziale Aspekte ständig weiterentwickeln. Die Kombination beider Arbeitsmodelle ermöglicht es Unternehmen, nachhaltige Initiativen schnell anzupassen und kontinuierlich zu verbessern.
- **Kontinuierliche Verbesserung:** Sowohl Agiles Projektmanagement als auch nachhaltiges Handeln legen Wert auf kontinuierliche Verbesserung. Agile Teams reflektieren regelmäßig ihre Arbeitsweise und suchen nach Möglichkeiten, ihre Effizienz und Effektivität zu steigern. Nachhaltiges Handeln erfordert auch eine kontinuierliche Verbesserung der Umweltauswirkungen und sozialen Maßnahmen. Die Kombination beider Ansätze fördert eine Kultur der ständigen Verbesserung und Innovation in allen Dimensionen der Nachhaltigkeit (Ökologie, Soziales und Ökonomie).
- **Frühzeitiges Feedback und Lernen:** Agiles Projektmanagement betont die Bedeutung von frühzeitigem Feedback und schnellem Lernen. Durch die Integration von Nachhaltigkeitszielen in den agilen Prozess können Unternehmen frühzeitig Feedback sammeln, Lernerfahrungen nutzen und ihre nachhaltigen Initiativen optimieren. Durch das Experimentieren und Lernen aus Fehlern können Teams neue Ansätze entwickeln, um ihre Nachhaltigkeitsziele zu erreichen bzw. zu erweitern.

Die Kombination von nachhaltigem Handeln und Agilem Projektmanagement ermöglicht es, effektiv auf Nachhaltigkeitsanforderungen zu reagieren, die Arbeitsweise kontinuierlich zu verbessern und eine starke Stakeholder-Einbindung zu fördern. Indem sie Flexibilität, Stakeholder-Einbindung, gemeinsame Ziele, kontinuierliche Verbesserung und Lernprozesse zusammenbringen, können Unternehmen nachhaltige Ergebnisse erzielen und langfristigen Erfolg gewährleisten.

2.4.6 Das magische Viereck im Agilen Eventmanagement

Im Eventmanagement wird, wie im klassischen Projektmanagement, das magische Dreieck[19] durch die Dimensionen Zeit, Kosten und Qualität definiert. Zeit bezieht sich hier auf den festgelegten Zeitrahmen für die Durchführung des Events, während Kosten das verfügbare Budget umfasst. Qualität bezieht sich auf die Erfüllung der Veranstaltungsziele und die Zufriedenheit der Teilnehmer. Das magische Dreieck stellt eine Herausforderung dar, da es schwierig ist, alle drei Aspekte gleichzeitig in hoher Erfüllung zu erreichen. Oft müssen Kompromisse eingegangen werden, um ein Gleichgewicht zwischen Zeit, Kosten und Qualität herzustellen. Die spezifische Ausprägung des magischen Dreiecks im Eventmanagement variiert je nach den individuellen Anforderungen und Zielen jedes Events.

Im Agilen Nachhaltigen Eventmanagement kommt nun noch eine 4. Dimension dazu, die Nachhaltigkeit. Somit sprechen wir in diesem Zusammenhang von dem magischen Viereck oder der magischen Pyramide[20] in der alle zukunftsorientierten Dimensionen Berücksichtigung finden. Abb. 2.5

- **Kosten:** Agile Methoden ermöglichen es, die Kosten von Event-Projekten besser zu kontrollieren und Ressourcen effizienter einzusetzen. Durch iterative Planung und regelmäßige Anpassungen können Budgets und Ausgaben im Auge behalten und gegebenenfalls optimiert werden. Zudem unterstützt das Fokussieren auf Prioritäten eine bessere Ressourcenallokation und senkt die Kosten für unnötige Aktivitäten.
- **Zeit:** Agiles Eventmanagement erlaubt es, Projekte in kürzerer Zeit umzusetzen, indem es auf Flexibilität und kontinuierliche Verbesserung setzt. Teams arbeiten in iterativen Zyklen, sogenannten Sprints, um schnell Fortschritte zu erzielen und Veränderungen im Projektverlauf schnell zu adaptieren. Dies führt zu einer schnelleren Time-to-Market und verkürzt die Projektlaufzeit insgesamt.
- **Qualität:** Durch regelmäßige Überprüfungen, Feedbackschleifen und Anpassungen wird die Qualität der Veranstaltung kontinuierlich verbessert. Das Einbeziehen von Stakeholdern und Kunden in den Planungsprozess stellt sicher, dass ihre Bedürfnisse und Erwartungen erfüllt werden. Agile Methoden fördern die Zusammenarbeit und Kommunikation innerhalb des Teams, was zu einer höheren Qualität des Endprodukts führt.

---

[19] Vgl. Bär (2017, S. 14 f.).
[20] Vgl. Fiebeler (2022, o. S.).

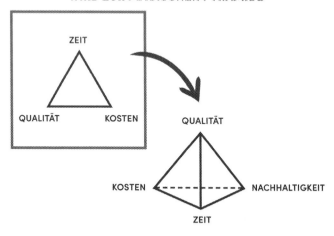

**MAGISCHES DREIECK DES PROJEKTMANAGEMENTS
WIRD ZUR** MAGISCHEN PYRAMIDE

Abb. 2.5 Die magische Pyramide. (Quelle: Eigene Darstellung VOK DAMS in Anlehnung an Fiebeler (2022, o. S.))

- **Nachhaltigkeit:** Im Agilen Eventmanagement kann Nachhaltigkeit als wichtige Dimension in den gesamten Planungs- und Umsetzungsprozess integriert werden. Das bedeutet, dass Veranstaltungen von Anfang an unter Berücksichtigung von Umweltverträglichkeit, sozialer Verantwortung und langfristiger Wirkung geplant und durchgeführt werden. Die iterative und flexible Herangehensweise ermöglicht es, nachhaltige Maßnahmen im Projektverlauf laufend zu überprüfen und anzupassen, um optimale Ergebnisse zu erzielen.

▷ Insgesamt bietet die magische Pyramide im Agilen Nachhaltigen Eventmanagement eine ausgewogene Herangehensweise, die es ermöglicht, die Beziehung der Dimensionen Kosten, Zeit, Qualität und Nachhaltigkeit zu verdeutlichen und gleichzeitig in diesem Wirkungsfeld auf Veränderungen zu reagieren. Dadurch entstehen erfolgreiche, hochwertige und nachhaltige Veranstaltungen, die den Bedürfnissen der Kunden und Stakeholdern gerecht werden.

Agile Event Sustainability – Transformation in 6 Schritten

3

Agiles Mindset trifft auf Nachhaltigkeit

Die digitale Transformation – nach Nachhaltigkeit die größte Herausforderung unserer Zeit, der wir uns alle seit Jahren stellen müssen – zwingt uns zum Umdenken wie Projektmanagement heute geht. Nachdem wir bei VOK DAMS 2017 Agiles Eventmanagement eingeführt haben, stellten wir schnell fest, wie hilfreich unser agiles Mindset für nachhaltiges Denken und Handeln im Team ist.[1]

Wir möchten einerseits zum Nachdenken anregen, dass an nachhaltigem Denken und Handeln und der agilen Arbeitsweise in Zukunft kein Kunde und keine Agentur mehr vorbeikommt.

Unter Mindset verstehen wir eine Grundhaltung, Denkweise oder Geisteshaltung. Es geht also nicht um ein methodisches Tool, sondern um eine Kultur. Das agile Mindset ist die Basis bzw. der Startpunkt für das Agile Eventmanagement auf dem Weg vom agilen Denken zum agilen Handeln und damit letztendlich zur agilen Agentur.

Es ist also an der Zeit, sich mit der Basis einer innovativen Arbeitsweise zu beschäftigen, um weiterhin innovative und nachhaltige Events und Live-Marketing-Maßnahmen umzusetzen. Eine innovative Arbeitsweise, die auf Selbstverantwortung jedes einzelnen im Team setzt, bedarf einer Veränderung im Mindset. Abb. 3.1

Agile Nachhaltigkeits-Transformation – 6 entscheidende Schritte

Dieses Buch entstand u. a. auf Basis des agilen Arbeitsprozesses bei VOK DAMS. Es ist das Ergebnis unseres Nachhaltigkeits-Teams, das die Aufgabe übernommen hat, den Nachhaltigkeits-Transformations-Prozess im Unternehmen zu gestalten und

---

[1] Vgl. Dams (2019, S. 63).

© Der/die Autor(en), exklusiv lizenziert an Springer Fachmedien Wiesbaden GmbH, ein Teil von Springer Nature 2023
C. Dams und S. Böhling, *Nachhaltige Events agil umgesetzt*, essentials, https://doi.org/10.1007/978-3-658-42783-2_3

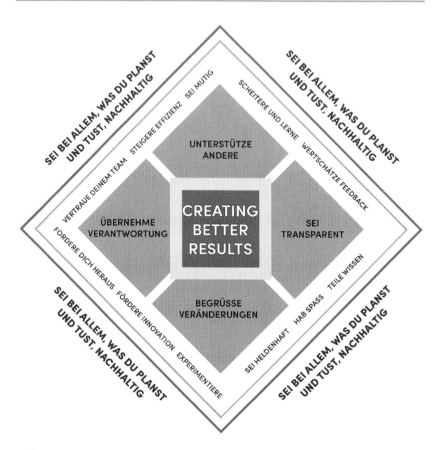

Abb. 3.1 Schaubild Agiles Mindset. (Quelle: Eigene Darstellung VOK DAMS)

voranzutreiben. Dabei ist uns nicht überraschend aufgefallen, dass die Entwicklung einer Nachhaltigkeits-Strategie und die Umsetzung dieser am besten agil erfolgt.

Viele Agenturen fangen bei der Umsetzung von Nachhaltigkeitsmaßnahmen nicht bei null an. Was hilft, ist ein Handlungsrahmen, ein Managementsystem sowohl auf der Agentur- als auch auf der Eventebene. Dieses möchten wir im Folgenden aufzeigen.

In diesem Buch stellen wir die Kernelemente eines solchen Handlungsrahmens vor, der sowohl auf Agentur- als auch auf Eventebene angewendet werden kann. Unser Ziel ist es, ein praxisorientiertes Modell zu entwickeln, das es Agenturen

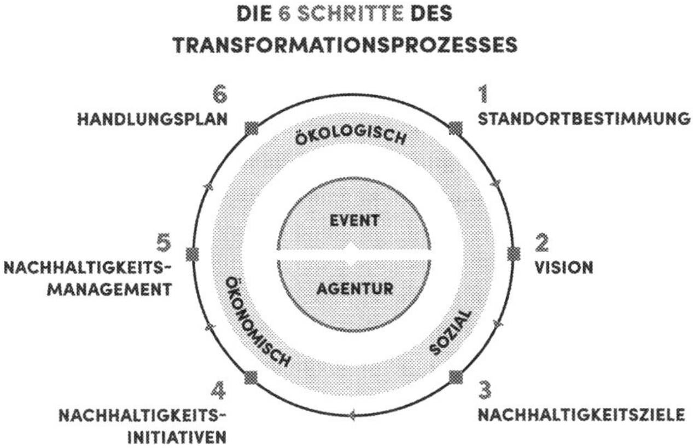

Abb. 3.2 Transformationsmodel VOK DAMS. (Quelle: Eigene Darstellung VOK DAMS)

ermöglicht, ihre Nachhaltigkeitsinitiativen systematisch und effizient umzusetzen. Hierzu haben wir eine Reihe von Schritten identifiziert, die im agilen Kontext leicht anpassbar und skalierbar sind.

Beschreibung des Transformationsmodell Abb. 3.2
Hier finden Sie zunächst eine Kurzbeschreibung des Transformationsmodels von VOK DAMS. Im weiteren Verlauf des Kapitels gehen wir auf die einzelnen Schritte detaillierter ein Abschn. 3.1 bis Abschn. 3.6

1. Standortbestimmung:
Um den aktuellen Stand der Nachhaltigkeitsbemühungen in der Agentur und bei Events zu bewerten, ist es wichtig, eine grundlegende Bestandsaufnahme durchzuführen. Die Standortbestimmung sollte sowohl die interne Analyse des Unternehmens als auch die externe Analyse des Wettbewerbs und Unternehmensumfeldes umfassen. Diese Standortbestimmung ist Grundlage für die Entwicklung einer Nachhaltigkeitsstrategie.

2. Vision:
Basierend auf den Ergebnissen der Standortbestimmung sollten Agenturen den strategischen Rahmen z. B. in Form einer Vision festlegen. Die Vision beschreibt das langfristige Ziel eines Unternehmens und gibt allen Stakeholdern Orientierung und Fokussierung im Transformationsprozess zu einem nachhaltigen Unternehmen.

3. Nachhaltigkeitsziele:
Konkretisiert wird die Vision in Form strategischer Nachhaltigkeitsziele. Diese Ziele sollten sowohl kurz- als auch langfristig ausgerichtet sein und die ökologischen, sozialen und ökonomischen Aspekte der Nachhaltigkeit berücksichtigen. Dabei ist es hilfreich sich zunächst auf sogenannte „Hot Spots" zu konzentrieren und nicht zu viele Ziele auf einmal zu definieren.

4. Nachhaltigkeitsinitiativen:
Die vereinbarten Ziele können nur durch geeignete Initiativen erreicht werden. Sie müssen so ausgewählt und priorisiert sein, dass sie sich über alle drei Dimensionen der Nachhaltigkeit erstrecken und sicherstellen, dass der größtmögliche Beitrag zu den gesetzten Zielen erreicht wird.

5. Nachhaltigkeitsmanagement:
Wichtiger Erfolgsfaktor für eine gelungene Transformation ist die Anpassung der bestehenden Unternehmensstrukturen und Steuerungsinstrumente. Entscheidend dabei ist die enge Einbindung der Mitarbeitenden in die Entwicklung und Umsetzung der Nachhaltigkeitsstrategie. Denn alle Mitarbeitenden in die Steuerung zu integrieren und in die Verantwortung zu nehmen ist Kernpunkt des agilen Eventmanagements.

6. Handlungsplan:
Ein detaillierter Handlungsplan sollte erstellt werden, der die Schritte und Maßnahmen zur Umsetzung der definierten Nachhaltigkeitsinitiativen aufzeigt. Agenturen sollten den Handlungsplan schrittweise und agil umsetzen, wobei sie sich auf die Priorisierung von Maßnahmen und die kontinuierliche Anpassung an neue Erkenntnisse und Herausforderungen konzentrieren.

Schließlich sollten Agenturen den kontinuierlichen Verbesserungsprozess fördern, indem sie ihre Nachhaltigkeitsstrategie, Ziele und Maßnahmen regelmäßig überdenken und anpassen, um auf Veränderungen und neue Herausforderungen zu reagieren.

> Durch die Anwendung dieses Handlungsrahmens können Agenturen ihre Nachhaltigkeitsbemühungen effektiv vorantreiben und gleichzeitig einen agilen Ansatz beibehalten, der es ihnen ermöglicht, auf Veränderungen und neue Informationen schnell zu reagieren. So können sie ihre Nachhaltigkeitsziele erreichen und einen positiven Einfluss auf Umwelt, Gesellschaft und Wirtschaft ausüben.

3.1 Standortbestimmung

Im ersten Schritt ist es wichtig zu verstehen, wo das eigene Unternehmen in Bezug auf Nachhaltigkeit steht. Um den aktuellen Stand der Nachhaltigkeitsbemühungen in der Agentur und bei Events zu bewerten, ist es wichtig, eine grundlegende Bestandsaufnahme durchzuführen.

Eine SWOT – Analyse kann an dieser Stelle schnell Klarheit verschaffen und helfen die eigenen Stärken und Schwächen zu analysieren sowie die möglichen Chancen und Risiken zu bewerten, die sich aus dem Wettbewerb und Unternehmensumfeld ergeben.

Die Standortbestimmung ist Grundlage für die Entwicklung einer Nachhaltigkeitsstrategie. An den Beispielen von VOK DAMS in Abschn. 3.1.1 lässt sich feststellen, dass in Unternehmen viele Maßnahmen heute bereits selbstverständlich sind.

3.1.1 Nachhaltigkeit bei VOK DAMS als Agentur

Auch wir, bei VOK DAMS, haben 2021 bei der Umsetzung der Nachhaltigkeit nicht bei null angefangen. Eine Vielzahl an Einzelmaßnahmen hatten wir bereits umgesetzt. Abb. 3.3

Allerdings reicht es für die Transformation in ein nachhaltiges Unternehmen nicht aus, Einzelmaßnahmen durchzuführen. Was fehlte, war ein Handlungsrahmen, ein Managementsystem sowohl auf der Agentur- als auch auf der Eventebene. Daran haben wir gearbeitet. Wie? Das stellen wir, wie bereits angekündigt, im weiteren Verlauf dieses Kapitels vor.

Doch zunächst ein Blick auf die Kombination aus ökonomischen, ökologischen und sozialen Faktoren der Nachhaltigkeit

Diese Kombination wirkt zunächst wie ein Spannungsfeld, dass sich nicht einseitig auflösen lässt. Das täuscht – überspitzt – wenn es keine Erde mehr gibt – gibt es auch keine Events mehr und damit keine Event-Agenturen. Nachhaltige Unternehmensführung ist für Event-Agenturen entscheidend, damit ökologische und soziale Aspekte in die Unternehmensstrategie verankert werden können, während gleichzeitig wirtschaftliche Rentabilität und langfristiges Wachstum angestrebt werden.

Zeitgleich bietet eine ständige Kosten-Nutzen-Analyse – Nachhaltige Vorteile einhergehend mit ökonomischem Einsparungspotenzial. Beispielsweise geht nachhaltiges Handeln, wie die effizientes Ressourcenmanagement, Vermeidung von

Abb. 3.3 Corporate Sustainability bei VOK DAMS. (Quelle: Eigene Darstellung VOK DAMS)

Abfall, Reduzierung von Transporten etc., oft mit potenzielle Kosteneinsparungen einher. Selbstverständlich müssen nachhaltige Agenturen bei der Auswahl von Lieferanten und Partnern auf deren Nachhaltigkeitspraktiken achten.

Mit der richtigen Unternehmensstrategie kommt ein weiterer wichtiger Faktor ins Spiel. Gerade im schnelllebigen Projektgeschäft, zeichnen sich Event-Agenturen aus, die langfristig denken, strategische Pläne entwickeln und ständig hinterfragen sowie die ökologische und soziale Verantwortung berücksichtigen. Oft geht die Strategie mit der Entwicklung von Geschäftsmodellen einher, die auf Kreislaufwirtschaft, klimaneutrales Handeln oder soziales Engagement ausgerichtet sind.

Nachhaltige Unternehmen kennen ihre Stakeholder und sollten auf deren Bedürfnisse und Wünsche eingehen und ihnen nachhaltige Lösungen anbieten. Dies kann z. B. im Kunden Fall, die Entwicklung von umweltfreundlichen Event-Konzepten, die Integration von Nachhaltigkeitskriterien in die Veranstaltungsplanung und die Kommunikation der Nachhaltigkeitsbemühungen umfassen. Da Agenturen oft direkt an die Führungsmannschaft ihrer Kunden berichten, ist der Hebel für Nachhaltigkeit hier besonders groß.

Auszug aus bereits vorhandenen Agentur-Maßnahmen bei VOK DAMS in den 3. Dimensionen

Ökologie: Regelmäßig arbeiten wir daran unseren eigenen CCF (Corporate Carbon Footprint) noch weiter zu reduzieren. Mit einem Electric Car Pool und der Einführung von Public Transport Benefits für unsere Mitarbeitenden haben wir zudem unseren durch Reisetätigkeit verursachten CO_2-Ausstoß deutlich verringern können. Dies wird noch weiter dadurch unterstützt, dass wir seit drei Jahren die Verpflichtung zu Digital Meetings eingeführt haben und somit gut gerüstet sind, die besten Teams standortübergreifend zusammenzustellen. Unterstützt wird dies durch die Etablierung von Co-Working Spaces, in denen auch unsere Freelancer und Partner arbeiten können. Papierlose Büros sind bei uns seit 2018 selbstverständlich, ebenso wie der Bezug unseres Stroms aus erneuerbaren Energien sowie Wasserspender in den Büros.

Ökonomie: Ökonomische Faktoren sind unser Qualitätsmanagement nach ISO 9001, die Einhaltung der TISAX und der ISMS-Richtlinien für Datenschutz und Informationssicherheit sowie unsere transparenten Prozesse, die wir über Programme wie unsere Agentursoftware, Business Intelligence -Tool und MS-Teams regelmäßig tracken und analysieren. Auch unser „Profit Sharing System" wie unsere „Incentive Compensation" (Gewinnbeteiligungen und Erfolgsprämien) zählen mit zu den Faktoren, mit denen wir die Nachhaltigkeit bei VOK DAMS stärken.

Soziales: Zu sozialen Faktoren zählen unser bereits 1988 formulierter „Code of Conduct", VOK DAMS ist Unterzeichner der Charta der Vielfalt, die DE&I Checkliste, unsere VOK DAMS Corporate Benefits, die Möglichkeiten des Remote Work, diverse Weiterbildungsmaßnahmen, unser Compliance Beschwerdemanagement und nicht zuletzt unser Agile Agency Model, das mit einer transparenten und fairen Feedbackkultur einhergeht.

Zu den sozialen Faktoren unserer Nachhaltigkeit gehört aber auch unser langjähriges Engagement für unterschiedliche Wohltätigkeitsorganisationen. So haben unsere Mitarbeitenden schon seit Jahren entschieden, auf den üblichen Geburts-tagsblumenstrauß zu verzichten. Stattdessen sammeln wir das hierfür budgetierte Geld und spenden es an die Organisation „Compassion", und sponsern damit die Schulbildung für drei Kinder in Lateinamerika und Afrika. Weiterhin engagieren wir uns für Charities, bei denen unsere Mitarbeitenden und Partner sich persönlich einbringen. Dazu gehören „Magnet Ruhrgebiet", die sich für die Integration min-derjähriger Geflüchteter einsetzt, „Momella e. V.", die Bildungszugang für Kinder in Tansania ermöglicht oder die Search Foundation, welche erkrankte Menschen aus der Eventbranche unterstützt. Unkompliziert haben wir, auch auf Anregung unserer Mitarbeitenden, sofort eine große Spende für die Opfer der Flutkatastrophe 2021 gespendet und hier auch Agenturen und Partnern vor Ort unkompliziert und direkt Hilfe angeboten (beispielsweise über die Bereitstellung von Serverkapazitäten und die Nutzung unserer Büroräume, o. Ä.). Unser letztes Weihnachtsprojekt mag auch als gutes Beispiel gelten: Unterstützt durch die „Clicks" unserer Kunden sponsern wir 11.580 Mangrovenpflanzen für das „Malizia Mangrove Park Projekt" gestiftet, und damit einen großen Beitrag für die Erhaltung dieses so wichtigen Ökosystems geleistet.

Auch wir bei VOK DAMS bedienen uns der SDGs als Referenzrahmen. Obwohl wir immer das große Ganze im Blick haben und darauf achten, dass wir mit allem, was wir tun, auf die ökologischen Ziele einzahlen, indem wir z. B. die Umweltbe-lastungen minimieren und Ressourcen schonen, haben wir darüber hinaus weitere Fokus SDGs für uns definiert.

SDG 3: Gesundheit und Wohlergehen

SDG 4: Hochwertige Bildung

SDG 5: Geschlechtergleichheit

SDG 10: Weniger Ungleichheiten

3.1.2   SWOT-Analyse zur Standortbestimmung

Wie bereits am Anfang des Kapitels erwähnt, kann eine SWOT-Analyse bei der Standortbestimmung schnell Klarheit verschaffen und dabei helfen die eigenen Stärken und Schwächen zu analysieren sowie die möglichen Chancen und Risiken zu bewerten, die sich aus dem Wettbewerb und Unternehmensumfeld ergeben. Abb. 3.4

STRENGHTS

» ISO 9001 Zertifizierung
» Qualitätsmanagementsystem
» Inhabergeführt
» Agiles Mindset
» Unterstützung zahlreicher Charities
» Papierloses Büro
» Ökostrom
» ...

WEAKNESSES

» Keine Nachhaltigkeits-Strategie
» Keine definierten Ressourcen
» Keine Vision formuliert
» Keine Daten
» ...

OPORTUNITIES

» Imagesteigerung
» Neukunden
» Kundenbindung
» Steigerung der Mitarbeiterzufriedenheit
» Gewinnung neuer Talente
» ...

THREATS

» Greenwashing
» Reputationsverluste
» Veränderte Gesetzeslage / CSRD
» Mitarbeiterloyalitätsverlust
» Umsatzverluste
» Sanktionierungen durch Behörden
» ...

Abb. 3.4 SWOT – Analyse bei VOK DAMS. (Quelle: Eigene Darstellung VOK DAMS)

Zunächst ein Blick auf die interne Analyse der Stärken und Schwächen bei VOK DAMS. Außer den bereits oben aufgezählten umgesetzten Maßnahmen zur Nachhaltigkeit Abschn. 3.1.1, zählen zu den Stärken bei VOK DAMS die Tatsachen, dass es sich bei unserer Agentur um ein inhabergeführtes Familienunternehmen handelt sowie das agile Mindset. Allerdings ergab die SWOT – Analyse auch Schwächen wie z. B. das Fehlen einer Nachhaltigkeitsstrategie, definierter Ressourcen und einer Vision sowie das Nichtvorhandensein belastbarer Daten.

Bei der externen Analyse haben sich bei VOK DAMS u. a. folgende Chancen und Risiken gezeigt, die sich aus der Transformation zu einem nachhaltigen Unternehmen und dem Angebot nachhaltige Produkte ergeben könnten.

Chancen

Als Chancen haben sich eine gute Wettbewerbspositionierung, die Stärkung der eigenen Marke oder gar die Möglichkeit als sogenannter Market Pionier mit gutem Beispiel voranzugehen, ergeben. Weitere positive Aspekte, die sich aus der SWOT-Analyse hervorgegangen sind, waren gesteigerte Arbeitgeberattraktivität und Mitarbeiterzufriedenheit, eine verbesserte Kundenbindung sowie Kundenneugewinnung und die Aussicht auf neue, innovative Produkte und Geschäftsmodelle.

Risiken

Bei den Risiken ergaben sich Aspekte wie die Gefahr des Greenwashing und damit einhergehenden Reputationsverlust, der Wettbewerbs- und mögliche Kundendruck, welcher in der Konsequenz zu Kundenverlust führen kann, eventuelle Sanktionierung durch Behörden sowie der Verlust der Mitarbeiterloyalität.

3.2   Vision bei VOK DAMS

Im nächsten Schritt folgte die Entwicklung einer Vision. Als Anregung zur Entwicklung eines eigenen Zielbildes möchten wir gerne unsere Vision bei VOK DAMS vorstellen. Mit allen Mitarbeitenden haben wir gemeinsam den folgenden Purpose herausgearbeitet. Aus unserem Leistungsversprechen an unsere Kunden: „creating better results" wurde: Abb. 3.5

Creation steht immer vorne. Jedoch nicht zum Selbstzweck, sondern mit dem Blick auf die Ergebnisse. Die Zielsetzung unserer Kunden. Aus „better" wird „sustainable".

Als Agentur werden wir unsere internen Prozesse nachhaltig ausrichten und damit unsere Kunden dabei unterstützen, ihre Projekte noch nachhaltiger zu gestalten und ihre eigenen Nachhaltigkeitsziele zu erreichen. Kurz: Es geht in Zukunft nicht nur um bessere sondern auch um nachhaltigere Ergebnisse. Dies definiert unseren Anspruch.

Vision bei VOK DAMS zusammengefasst

- Wir erarbeiten nachhaltige Prozesse.
- Wir beschäftigen uns dabei mit dem Innenverständnis der Agentur, unseren Beziehungen nach Außen sowie der zukünftigen geschäftlichen Ausrichtung in ökonomischer, ökologischer und sozialer Verantwortung.
- Wir greifen den gesellschaftlichen Wandel in Richtung Nachhaltigkeit nicht nur auf, wir definieren neue Standards und setzen neue Maßstäbe.

#CREATINGSUSTAINABLERESULTS

Abb. 3.5 Creating Sustainable Results. (Quelle: Eigene Darstellung VOK DAMS)

Der Anspruch allein genügt nicht – er kann nur der Startpunkt einer guten Nachhaltigkeitsstrategie sein.

3.3 Nachhaltigkeitsziele

Konkretisiert wird die Vision in Form strategischer Nachhaltigkeitsziele. Diese Ziele sollten sowohl kurz- als auch langfristig ausgerichtet sein und die ökologischen, sozialen und ökonomischen Aspekte der Nachhaltigkeit berücksichtigen. Dabei ist es hilfreich sich zunächst auf sogenannte „Hot Spots" zu konzentrieren und nicht zu viele Ziele auf einmal zu definieren.

Nachhaltiges Eventmanagement darf sich dabei aber nicht nur auf die Gestaltung und Organisation einzelner Event beschränken, sondern muss ganzheitlich betrachtet werden.

Bei VOK DAMS unterscheiden wir für die Nachhaltigkeitsziele in zwei gleichwertig Dimension

Häufig wird Fokus auf nachhaltige Prozesse im Eventmanagement gelegt, allerdings bietet auch die Unternehmensebene der Agentur einen nicht zu vernachlässigen Hebel. Während Innovationen auf der Event-Ebene immer in Abstimmung und den Rahmenbedingungen der Kunden-Anforderungen abgeglichen werden – ist die Unternehmensebene direkt beeinflussbar. Abb. 3.6.

Unsere Vision manifestiert sich daher in 2 strategischen Zielen

1. Umsetzung eines standortübergreifenden nachhaltigen Mindsets und nachhaltige Prozesse bei allen Mitarbeitenden von VOK DAMS auf Agentur- und auf Eventebene.
2. Positionierung Global als Nachhaltigkeitsexperte und Innovationstreiber im Live-Marketing (z. B. durch Entwicklung innovativer, nachhaltiger Produkte/Services, setzen von Trends …).

Abb. 3.6 Nachhaltige
Innovationen. (Quelle:
Eigene Darstellung VOK
DAMS)

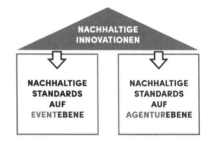

3.4   Nachhaltigkeitsinitiativen

Die vereinbarten Ziele können nur durch geeignete Initiativen erreicht werden. Dabei mussten wir priorisieren. Da wir zunächst Grundlagen in Form von nachhaltigen Prozessen schaffen wollten, haben wir uns entschieden sowohl für die Agentur- als auch Eventebene einen vorhandenen, etablierten Standard zu nutzen, der uns dabei hilft ein Managementsystem als Handlungsrahmen aufzubauen und der auch zertifizierbar ist, um dies nach Außen belegen zu können. Abb. 3.6 Unsere Entscheidung fiel für den ZNU-Standard Nachhaltiger Wirtschaften (Agenturebene) und die ISO 20121 (Eventebene: für alle Events). Abschn. 2.3.

Wir haben Anfang 2023 den ZNU als Management-System Standard auf Agenturebene eingeführt und auf der Eventebene die Integration der ISO 20121 in unser bestehendes Managementsystem ISO 9001 vollzogen.

3.5   Nachhaltigkeitsmanagement

Wichtiger Erfolgsfaktor für eine gelungene Transformation ist die Anpassung der bestehenden Unternehmensstrukturen und Steuerungsinstrumente.

Die Grundsatzfrage bei VOK DAMS lautete: „Wie kann der Wandel gelingen?" Es war uns bewusst, dass die Mitarbeitenden entscheidend für eine erfolgreiche Transformation sind. Nachhaltigkeit und daraus resultierende Handlungen fangen im Kleinen an. Als eine agile Agentur verlagern wir die Verantwortung in die agilen Teams. Die Mitwirkung einer jeden und eines jeden Einzelnen ist das, worauf es ankommt! Die enge Einbindung der Mitarbeitenden in die Entwicklung und Umsetzung der Nachhaltigkeitsstrategie war von daher für uns selbstverständlich.

Nachhaltigkeit wird Teil des Kerngeschäftes bei VOK DAMS. Dem Team kommt eine Schlüsselrolle bei dem Transformationsprozess zum Nachhaltigkeitsmanagement zu. Ziel ist ein agiles, hierarchiefreies, selbstverantwortendes und motiviertes Team. Folgende Rollen gibt es im Agilen-Nachhaltigkeits-Team bei VOK DAMS:

3.5.1 Das Team

Projekt-Team
Das interne Nachhaltigkeits-Team umfasst hierarchiefrei Mitarbeitende aus den unterschiedlichen Geschäftsbereichen – von Controlling, IT über Strategie bis hin zum Projektmanagement mit dem Projektleiter als Project Owners auf Eventebene. Es zeichnet sich durch einen hohen gemeinsamen und individuellen Eigenverantwortungsgrad aus. Das Nachhaltigkeits-Team organisiert sich weitestgehend selbst. Die Selbstorganisation ist einer der Erfolgsmomente des Agile Eventmanagements. Selbstorganisation heißt, das Team entscheidet selbst, welche Arbeitslast zu bewältigen ist und welcher Arbeitsschritt in welchem Workstream als nächster kommt. Das Nachhaltigkeits-Team unterstützt innerhalb der Projektteams.

Nachhaltigkeitsboard
Das Nachhaltigkeitsboard, bestehend aus der Geschäftsleitung sowie den Nachhaltigkeitsbeauftragten, ist für den Erfolg des übergeordneten Nachhaltigkeits-Prozesses verantwortlich. Auf strategischer Ebene werden hier Handlungsfelder reflektiert, verändert, neu geschaffen. Gerade in stark hierarchie-geprägten, über Jahrzehnte gewachsenen Organisationen ergeben sich hier die größten Herausforderungen, den hier wird der Transformationsprozess initiiert. Die optimalen Eigenschaften des Nachhaltigkeitsboards ist die:

- Verfügbarkeit zu kurzfristiger Abstimmung
- Direkte Entscheidungsgewalt
- Tiefes Verständnis über Agenturstruktur, -kultur, Unternehmenswerte
- Rechtliche Kenntnisse
- Know-how zu Nachhaltigkeit im Allgemeinen
- Transparente Kommunikation zu allen Stakeholdern

Neben dem Projekt-Team kommt dem Nachhaltigkeitsboard eine besondere Bedeutung zu. Das Nachhaltigkeitsboard ist gefordert durch gezielte Leitfragen immer wieder das Big Picture in Erinnerung zu rufen. Warum machen wir das eigentlich alles? Es definiert die strategischen Eckpunkte Qualität, Kosten und Zeit im Sinne der Nachhaltigkeitsstrategie.

Soll der Transformationsprozess gelingen, ist es unabdingbar, dass die treibenden Teams die folgenden Werte teilen:

* **Commitment:** die Aufgabe ist eine besondere Aufgabe, die Leidenschaft erfordert.
* **Fokus:** gerade im Projekt-basierten Agenturen eine große Herausforderung die notwendigen Kapazitäten zu schaffen, um eine Konzentration auf die Transformation zu ermöglichen
* **Offenheit:** neue Herausforderungen bedingen eine neue Herangehensweise – Komplexität verlangt Öffnung
* **Mut:** neue Wege zu gehen und alle in der Organisation zu fordern und zu fördern
* **Respekt:** Ist die Basis von allem und schafft Vertrauen – im Team – gegenüber den Kollegen, Kunden
* **„Mitteilungs-Bedürfnis":** Nicht nur die Fahne hochhalten – sondern durch transparente, permanente Kommunikation interne und externe Stakeholder mitzunehmen

3.5.2   Verantwortung für Nachhaltigkeit

Nachhaltigkeit ist nicht nur Chef-Sache. Egal auf Kunden oder Agentur-Seite. Es ist ein bidirektionaler Managementprozess ist. In der Agilen Agentur gibt es keine gelebten Hierarchien. Im Agilen Eventmanagement Team gibt es keine Hierarchien. Jeder einzelne trägt die Verantwortung. Das Team gemeinsam trägt die Verantwortung. So auch für Nachhaltigkeit. Auch der Chef. Wichtig ist, dass Nachhaltigkeit bei strategischen Unternehmensentscheidungen immer berücksichtigt wird. Damit ist wichtig, dass alle Stakeholder frühzeitig in die Visions-Entwicklung eingebunden werden.

- **Bottom-up** – Einbeziehung aller Stakeholder & Involvierung in allen Prozessen, es kommt auf die Mitwirkung jedes Einzelnen an
- **Top-down** – Nachhaltigkeit bei strategischen Unternehmens-Entscheidungen berücksichtigen

Außerdem ist es fundamental wichtig, genügend interne Kapazitäten für die Entwicklung einer Nachhaltigkeitsstrategie, die ständige Weiterentwicklung, den Roll-out von Projekten und Maßnahmen und die Umsetzung einzuplanen.

3.6 Handlungsplan – Mögliche Maßnahmen der Umsetzung

Ein detaillierter Handlungsplan sollte erstellt werden, der die Schritte und Maßnahmen zur Umsetzung der definierten Nachhaltigkeitsinitiativen aufzeigt. Agenturen sollten den Handlungsplan schrittweise und agil umsetzen, wobei sie sich auf die Priorisierung von Maßnahmen und die kontinuierliche Anpassung an neue Erkenntnisse und Herausforderungen konzentrieren.

Wir als VOK DAMS haben uns 2021 zum Ziel gesetzt, Nachhaltigkeit im Unternehmen zu verankern. Nachhaltigkeit sollte systematisch in allen Strukturen und Prozessen umgesetzt werden, auch im Herzstück unseres Tuns, dem Eventmanagement. Unser Qualitätsmanagement-System stellt eine wirkungsvolle Unterstützung bei der Planung und Durchführung Projekten dar. Hier haben wir angesetzt und Maßnahmen zur Umsetzung der Nachhaltigkeitsinitiativen Abschn. 3.4 entwickelt, um den Eventmanagement-Prozess nachhaltig auszurichten.

In den folgenden Kapiteln zeigen wir einen Auszug aus unseren Maßnahmen der Umsetzung auf.

3.6.1 Roadmap Erstellung

Die Unterteilung in Einzelmaßnahmen sowie die Definition von Terminen und Meilensteinen ermöglichen es, die Nachhaltigkeitsinitiativen zu strukturieren und zu steuern. Eine Roadmap gibt die Aufgaben und die notwendigen Kapazitäten vor und ermöglicht eine zielgerichtete Planung der Aktivitäten und deren

Justierung etwa bei Abweichungen. Diese dient dem Unternehmen letztlich als Steuerungsinstrument und erzeugt Orientierung.

Auszug aus den Roadmaps zur Zertifizierung bei VOK DAMS
Bei uns bei VOK DAMS hat die Roadmap zur Zertifizierung im Wesentlichen die folgenden Punkte beinhaltet. Zunächst erfolgte ein Screening der zahlreichen, zur Verfügung stehenden Zertifikate und Standards. Anschließend wurden operative Ziele definiert, aus denen sich die entsprechenden Handlungsfelder ergaben und dazu passende Maßnahmen ausgewählt. Wichtig war dann die Entwicklung einer Leitlinie und eines Kennzahlensystems zur Erfolgsmessung. Im Anschluss erfolgten die Überprüfung und Anpassung des internen Qualitätsmanagements. Da gerade bei der Transformation zur Nachhaltigkeit die Kommunikation für die Einbindung der Stakeholder eine wichtige Rolle spielt, wurde sowohl die interne als auch die externe Kommunikation auf den Prozess abgestimmt. Da ein solcher Veränderung nur unter Einbindung der Mitarbeitenden funktionieren kann, ist neben einer geeigneten internen Kommunikation, die Wissensvermittlung durch Schulungen und anderen internen Kommunikationsmittle essenziell. Auch die Entwicklung eines nachhaltigen Beschaffungsmanagement muss gewährleistet sein, damit die komplette Wertschöpfungskette nachhaltig transformiert werden kann. Den Abschluss bildet zunächst die Planung und die anschließende Umsetzung eines Auditprogramms.

3.6.2 Mitarbeitende: Einbindung – Qualifizierung – Wissensvermittlung

Aufgrund der Wichtigkeit und Notwendigkeit sowie der positiven Auswirkungen einer nachhaltigen Entwicklung, beschäftigen sich in Unternehmen bereits heute mitunter ganze Nachhaltigkeits-Teams damit, in unterschiedlichsten Organisationsformen und Ausprägungen, diesen, doch sehr komplexen und langfristigen Prozess erfolgreich zu etablieren. Wenn ein Unternehmen im Sinne der Nachhaltigkeit handeln möchte, dann sind informierte, motivierte und engagierte Mitarbeitende ein wichtiger Schritt zur erfolgreichen Umsetzung. Zu den erfolgsversprechenden Regeln im Transformationsprozess zur Nachhaltigkeit gehören Aktivitäten zur Glaubwürdigkeit und Authentizität, welche durch ein Vorbild- und Multiplikatorenfunktion der Führungskräfte entscheidend unterstützt werden können. Ebenso essenziell ist die Dialogbereitschaft auf Augenhöhe.[2]

Des Weiteren erweist sich Transparenz als Hilfsmittel, u. a., weil bei Problemen und Schwächen häufig innovative Ideen der Mitarbeiter unterstützen können.

---

[2] Vgl. Böhling (2021, S. 49).

Zusätzlich muss bedacht werden, dass mit einer Sache tatsächlich angefangen und nicht nur darüber philosophiert wird sowie der Tatsache, dass ein gutes Durchhaltevermögen zum Aufbau von Vertrauen und Erreichung der Nachhaltigkeitsziele benötigt wird.[3] Das Erreichen eines „Wir-Gefühls" und damit der Identifikation der Mitarbeitenden mit dem Unternehmen, stellt eine weitere Säule erfolgreichen, unternehmerischen Handelns dar.[4]

Ganz wichtig ist in diesem Zusammenhang auch die Qualifikation der Mitarbeitenden z. B. durch Weiterbildungsmaßnahmen zu informieren und qualifizieren sowie die interne Kommunikation, auf diese wird im nachfolgenden Kapitel eingegangen.

3.6.3 Nachhaltigkeits-Kommunikation – Interne + Externe Kommunikation

Die Kommunikation in Unternehmen umfasst alle Maßnahmen und Instrumente um den Kunden, der Öffentlichkeit und den Mitarbeitenden sowohl das Unternehmen als auch seine Leistungen näher zu bringen oder mit den genannten Zielgruppen in Interaktion zu treten.[5] Gerade in der Nachhaltigkeit ist eine gute Kommunikation sehr wichtig. Man unterscheidet zwischen interner und externer Kommunikation.

3.6.3.1 Interne Nachhaltigkeits-Kommunikation

Wie bereits erwähnt, ergibt sich für Unternehmen die Herausforderung ihre Mitarbeitenden mithilfe einer wirkungsvollen und zielgerichteten internen Kommunikation in den Prozess der Agilen Nachhaltigkeit-Transformation miteinzubinden.

Wir bei VOK DAMS wenden eine sogenannte „Multi Challenge Strategy" an. Wir nutzen für die interne Nachhaltigkeitskommunikation eine Reihe von verschiedenen Kanälen, um den unterschiedlichen Inhalten und Kommunikationsverhalten unserer Mitarbeitenden gerecht zu werden. Das Ziel ist es neben der Übermittlung von Informationen auch ganz klar der Austausch untereinander, daher sind alle unsere Kanäle Dialogkanäle, in denen Partizipation ausdrücklich erwünscht ist. Hier einige Beispiele:

---

[3] Vgl. Pufé (2012, S. 100).
[4] Vgl. Nufer (2007, S. 48 f.).
[5] Vgl. Bruhn (2015, S. 5).

Kanäle

- Microsoft Teams Channel (unser Intranet) „GREEN LAB" als unser zentraler Anlaufpunkt für sämtliche Nachhaltigkeitsthemen inkl. Q & A Bereich
- Microsoft Teams Channel „Human Relations" für regelmäßige Nachhaltigkeitsschulungen und Workshops
- Rundmailings
- Newcomer Meeting
- Company Meeting/Townhall Meeting als große Kommunikationsplattform, auf der alle Mitarbeiterende zusammenkommen
- Group Call als bi-weekly Teams-Termin, indem aktuelle Themen u. a. Nachhaltigkeitsupdates geteilt werden
- Meeting der Geschäftsleitung als regelmäßiger Termin des Führungskreises, indem der Nachhaltigkeitsstatus besprochen wird
- …

Interne Kommunikation – Welche Inhalte werden z. B. geteilt?

In der internen Kommunikation werden die Inhalte grundsätzlich zwischen den verschiedenen Kanälen unterschieden. Im Green Lab Kanal werden alle Informationen mit allen Mitarbeitenden geteilt. In den anderen Kanälen werden dann für den Teilnehmenden-Kreis relevante Inhalte geteilt, sei es strategisch, operativ oder einfach nur informativ.

Beispiele für Inhalte der internen Kommunikation

- Schulungstermine & Workshops
- Nachhaltigkeitstipp der Woche (Tipps für eine bessere Umsetzung auf Events)
- Checklisten zur Anwendung auf Events (z. B. DE&I Checkliste oder Sustainability Check)
- Selfchecks
- Veröffentlichungen (z. B. Unterzeichnung der Charta der Vielfalt, Mitgliedschaft beim UN-Global Compact, Teilnahme an Roundtables, Zertifizierungen u. v. m.)
- Best Practices
- Artikel und News & Whitepaper

- Präsentationen wie z. B.: „DE&I in Events"
- ...

User-Stories
Von den Erfolgsgeschichten Anderer lernen hat im Agilen Projektmanagement einen hohen Stellenwert. Für Agile Sustainability auf Event- und Agentur-Ebene lassen sich diese User Stories sehr gut nutzen. Eine User Story ist die kleinste Einheit in einem agilen Framework. Es ist ein Endziel, kein Feature, das aus der Perspektive des späteren Nutzers (User) ausgedrückt wird. Eine User Story ist eine informelle, allgemeine Erklärung, die aus der Perspektive des Endbenutzers oder Kunden geschrieben wurde.

Auf Corporate Ebene
Zum Beginn des Transformationsprozesses zu mehr Nachhaltigkeit bieten sich persönliche User Stories an. Jedes Organisationsmitglied – aber vor allem die Teilnehmer der Agile Taskforce werden gebeten ihre User-Story zu schreiben.

Das können sehr persönliche User-Stories sein:

„Als Vater möchte ich die Treibhausgas Emissionen reduzieren, um meinen Kindern eine gesunde Zukunft auf diesem Planeten zu ermöglichen!"

Aus kaufmännischer Position im Unternehmen könnte die User-Story lauten:

„Als Event Einkauf Verantwortlicher der Agentur möchte ich Müll vermeiden, denn wenn ich Müll vermeide, heißt dass, ich kaufe weniger ein und verwerte Materialen wieder und das spart am Ende des Tages Kosten."

User-Stories können auch sehr einfach und konkret sein:

„Als Event-Manager möchte ich auf Computer-Ausdrucke in Agentur- und Produktions-Büro komplett verzichten. Pläne ändern sich immer, Ausdrucke haben eine Halbwertszeit von wenigen Stunden, verursachen Müll und Kosten – die lassen sich vermeiden."

Auf Event Ebene

Auf der Event-Ebene lässt sich das Lernen von User-Stories mit der Auflösung als Erfolgsstory aktiv unterstützen.

Im Sinne von „Share stories that change minds" hat jede Story das Potenzial Verhalten nachhaltig zu verändern.

Beispielhafte User-Stories auf Event-Ebene könnte sein:

> „Ich hatte mir vorgenommen den Outdoor-Event ausschließlich mit regenerativen Energien umzusetzen. Dazu habe ich einen Generator-Verleiher in den Niederlanden gefunden, der Solar-Generatoren für Events anbietet. Der Einsatz in Kombination mit einer Batterielösung vor Ort war nicht nur problemlos – sondern auch nicht hörbar im Vergleich zum lauten Diesel-Generator."

> Erfolgsstorys sollten institutionalisiert und regelmäßig mit dem gesamten Team geteilt werden. Dazu bieten sich Intranet-Lösungen einerseits – aber noch besser die Vorstellung im wöchentlichen Jour-Fix Call an. Diese Geschichten inspirieren und motivieren zum engagierten Mitmachen – das spart am Ende Geld!

3.6.3.2 Externe Nachhaltigkeits-Kommunikation

Die externe Nachhaltigkeitskommunikation ist Teil unseres Marketings, soll aber auch unsere Glaubwürdigkeit und Authentizität widerspiegeln. Sie informiert unsere Kunden, Partner, und die Industrie über aktuelle Entwicklungen. Dabei dient sie sowohl zur Aufklärung über Sachverhalte als auch zur Inspiration zu Umsetzungen und Anwendungen in unserer Branche.

Kanäle

- Social Media (LinkedIn, Instagram, Facebook, Twitter, Xing)
- Webseite
- Newsletter
- Presse
- Buchbeiträge
- Vorträge & Panel Diskussionen
- Direktmarketing (E-Mail-Sendungen)
- Roundtables, Arbeitsgruppen, Verbände, Kooperationen
- …

Auch hier unterscheiden wir bei der Steuerung der Inhalte zwischen verschiedenen Kanälen und Zielgruppen. So wird die Ansprache der Rezipienten und der Fokus des Inhalts auf die verschiedenen Bedürfnisse abgestimmt (Personas, Marketing Automation, Segmentierung).

Externe Kommunikation – Welche Inhalte werden z. B. geteilt?

- Nachhaltigkeitsbox auf der Webseite für Nachhaltigkeitsthemen aller Art
- Expertise-Artikel in Blog/News Format auf unserer Webseite und bei Social Media
- Whitepaper als High-Quality Content mit Fokus auf Nachhaltigkeit in der Eventindustrie (auch Diversity)
- Veröffentlichung vom Status Quo der Nachhaltigkeitsentwicklung bei VOK DAMS (z. B. über Aktionen, Zertifizierungen oder besondere Initiativen)
- Jährliches Xmas Charity Quiz mit nachhaltigkeitsförderndem Spendenziel
- Keynotes auf Konferenzen und Veranstaltungen
- Checklisten für die Umsetzung von nachhaltigen Maßnahmen auf Events
- …

3.6.4   Prozesse/Tools

Ganz entscheidend ist die Integration der Nachhaltigkeit in die im Unternehmen vorhandenen Prozesse, Vorlagedokumente sowie die Anwendung zielführender Tools. Einige davon werden in diesem Kapitel vorgestellt.

3.6.4.1   Leitfaden zu Nachhaltigkeit im Eventmanagement

Mit das wichtigste Tool ist für uns bei VOK DAMS unser „Leitfaden für Agiles, Nachhaltiges Eventmanagement", basierend auf den Erkenntnissen des Umweltbundesamts,[6] den wir bereits Anfang 2022 implementiert haben. Mit dem Leitfaden werden praktische Maßnahmen empfohlen, wie Events umweltgerecht und sozial verträglich gestaltet werden können.

---

[6] BMUV (2023, o. S.).

Dieser Leitfaden gilt für alle Mitarbeitenden und Freelancer an allen Standorten von VOK DAMS. Eine Integration der Leitlinien in den täglichen Arbeitsablauf sowie die zielgerichtete Umsetzung, ist wesentlich für die Erreichung unserer Nachhaltigkeitsziele und der unserer Kunden. Dies erfolgt unter Einbeziehung der gesetzlichen Vorschriften, die sich auf die Veranstaltung und/oder Organisation beziehen, z. B. Arbeits- und Menschenrechte, Rechtsvorschriften zu Gesundheit und Sicherheit, Lärmschutz, Müllverordnung und zur Gleichstellung. Die Einhaltung wird im täglichen Betrieb durch die disziplinarischen Führungskräfte, die Account Direktoren sowie durch unregelmäßige interne Audits überprüft.

Überblick Inhalt des Leitfadens

Neben der Einführung sowie Gültigkeit und Monitoring der Einhaltung, beinhaltet der Leitfaden zunächst die einzelnen Phasen im Nachhaltigen Eventmanagement. So sollten Nachhaltigkeitsaspekte frühzeitig – also bereits in der Konzeptionsphase – im Projekt integriert werden. Werden sie nicht rechtzeitig in das Veranstaltungsmanagement eingebracht, ist es nur noch sehr schwierig oder mitunter nicht mehr möglich, dies nachzuholen und endet mitunter z. B. im Hinblick auf CO_2-Emissionen in reiner Kompensation. Für die anschließenden Phasen der Planung, Durchführung und Nachbereitung werden dann erste Informationen im Hinblick auf Nachhaltigkeit beschrieben, ein detaillierter Überblick über mögliche Ziele und Maßnahmen zu den 12 identifizierten Handlungsfeldern bei VOK DAMS Abb. 2.2 folgt. Zum Abschluss wird nochmal auf eine mögliche Kompensation hingewiesen.

Zusätzlich unterstützt uns bei VOK DAMS u. a. unsere DE&I Checkliste.

DE&I – Checkliste

Diversität, Gerechtigkeit und eine starke Kultur der Inklusion sind für Events und Live-Marketing ein Schlüssel zum Erfolg und wird von Unternehmen immer mehr als eine zeitgemäße und erfolgsversprechende Antwort auf eine Gesellschaft im Wandel erkannt. Mit der DE&I Checkliste (abrufbar auf der Webseite https://news. vokdams.de/dei) als Ergänzung zu unserem Leitfaden Nachhaltigkeit im Eventmanagement, möchten wir all unseren Partnern eine Hilfestellung geben, Vielfalt, Gerechtigkeit und Inklusion bei Events umzusetzen.

Wie bereits in Abschn. 3.1 erwähnt, richten wir bei VOK DAMS unseren Fokus u. a. auf die SDGs 5 und 10 und damit auf das Thema DE&I. Es geht dabei um Diversity, Equity und Inclusion. Bewusst wird im Englischen hier der Begriff Equity (Gleichstellung) und nicht Equality (Gleichbehandlung) genutzt. Equity und Equality werden oft synonym verwendet. Der Unterschied ist jedoch sehr deutlich. Während eine Gleichbehandlung (Equality) davon ausgeht, dass jeder Mensch die gleiche Ausgangs-Voraussetzungen hat, geht Gleichstellung (Equity) bewusst einen Schritt weiter. Es geht dabei die unterschiedlichen Ausgangsvoraussetzungen auszugleichen – damit wirklich jeder die gleiche Chance hat. Gerade im Rahmen der Team-Zusammenstellung, Rekrutierungs- und Einstellungsprozessen wird von internationalen Unternehmen ein großer Fokus der Agentur erwartet. Auch wenn DE&I gleichwertig mit ökologischen Nachhaltigkeitszielen sind, wird dieser Aspekt in Europa noch zu wenig Beachtung geschenkt. Bei VOK DAMS spielt die „Black Lives Matters" Bewegung, die aktuell aus USA zu uns schwappt, eine wichtige Rolle und war Auslöser für folgendes Konzept. Damit die Event Planung der Zukunft sich in einer Vorreiterrolle um das Thema „Create Safe(r) Spaces" kümmert, haben wir klare Working Paper, Checklisten und Workflows entwickelt. Damit möchten wir sicherstellen, dass alle Teilnehmenden sich bei unseren Veranstaltungen wohl und sicher fühlen und sich entfalten können.

3.6.4.2 Briefing Checkliste – Kundencharts

Die Briefing-Checkliste unterstützt uns dabei, das Thema Nachhaltigkeit schon sehr früh im Projektverlauf, beim Re-Briefing, zu platzieren. Versäumt man in dieser entscheidenden Phase die Nachhaltigkeit zu thematisieren, dann spricht man am Ende nur noch über Kompensation, ohne dass Maßnahmen zur Reduktion oder Minimierung jemals in Betracht gezogen worden sind. Beim (Re)-Briefing werden die Kundenforderungen noch einmal reflektiert und weitere projektspezifische Fragen sowie Fragen zu Nachhaltigkeitsaspekten an den Kunden gestellt, um genau auf die Wünsche und Anforderungen des Kunden eingehen zu können. Die Fragen in der Briefing-Checkliste sollen dem Projektmanagement helfen, den Kunden frühzeitig zu aktivieren, sich mit dem Thema Nachhaltigkeit auseinanderzusetzen. Außerdem werden die notwendigen Grundlagen geschaffen, um Nachhaltigkeitsaspekte bereits im Konzept berücksichtigen zu können.

Fragen, die wir dort stellen beziehen sich daher nicht nur auf die Zahl der Teilnehmenden und das gewünschte Eventziel, sondern z. B. auf die gewünschte Erreichung bestimmter Nachhaltigkeitsziele, die möglicherweise benötigte Barrierefreiheit oder auch eine angestrebte diverse Auswahl externer Referenten etc.

In die bestehende Agenturpräsentation und PPT-Vorlagen haben wir bei VOK DAMS darüber hinaus standardisierte Nachhaltigkeits-Charts integriert, die unsere wichtigsten Nachhaltigkeitsaktivitäten sowohl auf Agentur- als auch Eventebene kurz und bündig präsentieren und dem Projektmanagement helfen sollen, diese an ihre Kunden zu verkaufen.

3.6.4.3 Code of Conduct und Lieferanten Screening

Code of Conduct VOK DAMS

Der Code of Conduct ist unser Verhaltenskodex, der nach innen, wie außen die Haltung der gesamten VOK DAMS Familie widerspiegelt. Er ist ein Leitfaden für das gesamte Unternehmen VOK DAMS – Er gilt für alle von uns gleichermaßen. Ausgangspunkt sind die vier Werte, die uns von Anfang an leiten und unser Unternehmen zu dem gemacht haben, was es heute ist: Leidenschaft, Mut, Verantwortung und Respekt. Gerade als internationale und agile Agentur wollen wir bestimmte Regeln und Richtlinien für unser Verhalten untereinander und unseren Geschäftspartnern gegenüber festlegen und damit auch gleichzeitig unsere Leistungsdimensionen Internationalität, Qualität, Kreativität und Strategie nachweislich und einheitlich weiter stärken.

Jede und jeder bei uns ist u. a. verpflichtet, in jeder getroffenen Einzelentscheidung sicherzustellen, dass diese möglichst nachhaltig getroffen wird. Und das bedeutet, dass jede Entscheidung gut durchdacht und kritisch hinterfragt werden soll, um sicherzustellen, dass sie zur nachhaltigen Entwicklung und zum Nutzen unserer Agentur, unseres Branchenumfeldes (Kunden, Dienstleistern, Partnern) und künftiger Generationen beiträgt.

Code of Conduct für Lieferanten und Dienstleister von VOK DAMS

Der „Code of Conduct für Lieferanten und Dienstleister von VOK DAMS" definiert die Mindeststandards zur Einhaltung der unternehmerischen Sorgfaltspflichten in der Zusammenarbeit aller Vertragspartner der VOK DAMS und dient zum Management der Wertschöpfungskette. Diese Vereinbarung gilt als Grundlage für alle Geschäftsvorgänge mit VOK DAMS. Der darin angesprochene Fragebogen ist eine Selbstbewertung zur Nachhaltigkeit für alle Lieferanten und Dienstleistenden der VOK DAMS zur Überprüfung, wo unsere Lieferanten in Bezug auf Nachhaltigkeit stehen. Der Versand erfolgt einmal jährlich an die relevantesten Lieferanten des vergangenen Jahres verbunden mit einem Fragebogen und ist auch unter folgendem Link abrufbar: https://www.vokdams.de/de/marke/detail/article/compliance.html

3.6.4.4 Agentursoftware zur vereinfachten Integration der Nachhaltigkeit

Unsere Agentursoftware bietet uns bei VOK DAMS, neben den üblichen unterstützenden Funktionen, auch die Buchungsmöglichkeit „Nachhaltigkeitsberatung als Leistungsart" an. Dies ermöglicht, dass sowohl das Angebot als auch die Abrechnung der Beratung eines Nachhaltigkeitsberaters als einfache, gut abbildbare und abrechenbare Leistung in unsere Angebote integriert werden kann.

3.6.4.5 Analyse-Meeting-Protokoll

Auf Projektebene erfolgt die kontinuierliche Prozessverbesserung durch das sogenannte Analyse-Meeting bei Abschluss eines jeden Projektes inkl. Protokollierung. Hierbei wird neben der prozessualen Betrachtung der Arbeitsweise, auch die Abfrage von Nachhaltigkeitsaspekten eingeschlossen.

Das Protokoll soll außerdem helfen, Nachhaltigkeits-Kennzahlen nach dem Projekt im Rahmen der Projekt-Analyse zu erheben.

3.6.4.6 CO_2-Event Footprint Rechner

Trotz der großen Bandbreite an Handlungsfeldern des Nachhaltigen Eventmanagements in allen 3 Dimensionen und trotz der Dringlichkeit sich vielen Themen gleichermaßen zu widmen, liegt der Fokus beim Nachhaltigen Eventmanagement aktuell in den allermeisten Fällen noch auf der Vermeidung und Reduktion von Emissionen. Für unsere Kunden bei VOK DAMS ist zunehmend wichtig zu wissen, wie groß ihr eigener Einfluss auf den Klimawandel ist. Ein CO_2-Fußabdruck ist der Ausgangspunkt, um ihre Treibhausgasemissionen darzustellen und an ihren Klimaschutzmaßnahmen zu arbeiten. Mit einer CO_2-Schätzung zu Projektbeginn helfen wir unseren Kunden, einen Überblick bezüglich ihrer eventbezogenen Emissionen zu erlangen. Unmittelbar nach der Veranstaltung erfolgt eine CO_2-Bilanzierung aller entstandenen Emissionen.

Schätzung CO_2-Fußabdruck

Die Schätzung des Carbon Footprint ist der Ausgangspunkt, um die Treibhausgasemissionen eines geplanten Events darzustellen und an möglichen Klimaschutzmaßnahmen zu arbeiten. Wichtig ist das Aufzeigen von Potenzialen und Maßnahmen zur Reduzierung und Vermeidung von Emissionen bereits in der frühen Konzeptionsphase. Der Zugang zu notwendigen Daten, um die schließlich durchgeführten Klimamaßnahmen und Emissionsreduzierungen zu belegen und Nachhaltigkeitsziele zu erfüllen muss sichergestellt werden.

Zur effizienten Schätzung des möglichen CO_2-Footprint eines einzelnen Events ist der Einsatz eines CO_2-Rechners notwendig. Die Bilanzierung der Emissionen erfolgt bestenfalls über einen Online-Eventrechner, der den Grundsätzen des GHG Protocol (internationaler Standard zur Bilanzierung von Treibhausgas Emissionen) folgt und die Kernemissionsquellen CO_2eq einer Veranstaltung (entsprechend der Handlungsfelder) berücksichtigt.

Da gleich mehrere Treibhausgase zum Klimawandel beitragen und auf unserem Event unterschiedlich stark auftreten, hat sich die Maßeinheit CO_2eq (Kohlenstoffdioxid äquivalente) durchgesetzt, um die Klimawirkung unterschiedlicher

Treibhausgase zu vergleichen und zusammenzufassen. Die wichtigsten Treibhausgase sind Kohlenstoffdioxid (CO_2), Methan (CH_4) und Lachgas (N_2O). Doch auch Fluorchlorkohlenwasserstoffe (FCKWs) und andere Kältemittel verstärken den Treibhauseffekt.

Ermittlung CO_2-Treiber
Auf Basis der CO_2-Schätzung zu Projektbeginn verschaffen wir uns einen Überblick bezüglich ihrer eventbezogenen Emissionen und identifizieren CO_2-Treiber.

Maßnahmen zur Reduzierung und Vermeidung
Im nächsten Schritt erfolgt die Ableitung von Maßnahmen zur Reduzierung und Vermeidung von Emissionen. Der Schwerpunkt wird hier auf die CO_2-Treiber gelegt.

CO_2-Bilanzierung und Kompensation
Unmittelbar nach der Veranstaltung erfolgt eine CO_2-Bilanzierung aller entstandenen Emissionen. Diese bildet die Basis für eine mögliche Kompensation. Die Event-CO_2-Berechnung (und die anschließende Erstellung einer Strategie in Form von Reduktionsoptionen) dient dabei zwei Zwecken:

1. Aufzeigen von Potenzialen und Maßnahmen zur Reduzierung und Vermeidung von Emissionen bereits in der Konzeptionsphase.
2. Lieferung notwendiger Daten, um die schließlich durchgeführten Klimamaßnahmen und Emissionsreduzierungen zu belegen und Nachhaltigkeitsziele zu erfüllen.

Treibhausgasemissionen, die trotz aller Maßnahmen zur Vermeidung oder Reduzierung nicht vermeidbar sind, können z. B. mit dem Kauf von Emissionszertifikaten kompensiert werden. Dabei ist es wichtig zu beachten, dass eine CO_2-Kompensation, ohne etwas bei der Eventkonzeption zu verändern, was auf die ökologischen Ziele, einzahlt, Greenwashing ist.

Da es viele Anbieter mit unterschiedlichen Herangehensweisen zur CO_2-Kompensation auf dem Markt gibt, unterstützen wir bei VOK DAMS unsere Kunden bei der Wahl eines geeigneten Projektes gerne.

Wünschenswert ist perspektivisch eine einheitlicher Bilanzierungsstandard für Events.

3.6.5 Agile Sustainability Methodology

Bei der Beschreibung des agilen Prozesses des Nachhaltigen Eventmanagements, hilft die Darstellung der Methodik, die auch im Projektmanagement im Allgemeinen Anwendung findet. Abb. 3.7

Der Prozess der agilen Nachhaltigkeit berücksichtigt im Eventmanagement neben dem klassischen Projektfahrplan vor allem die Planung von Sprints in den einzelnen Projektphasen, verbunden mit der, im Agilen Eventmanagement, begründeten Reflektion der Ergebnisse. Somit wird in jeder der Phasen auch eine Überprüfung hinsichtlich der Nachhaltigkeitsziele und deren Maßnahmen durchgeführt. Dadurch werden immer wieder Anpassungen an aktuelle Entwicklungen vorgenommen und die Reaktionsfähigkeit deutlich erhöht. Auch die Aktionsschwelle wird durch die agile Methode herabgesenkt, um den ersten schwierigen Schritt, Nachhaltigkeitsziele und -maßnahmen anzugehen, zu erleichtern. Der Mut einfach loszulegen, wird gestärkt.[7]

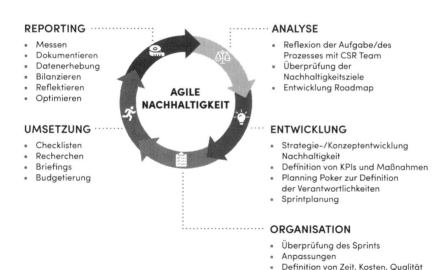

Abb. 3.7 Methodik Nachhaltiges Agiles Eventmanagement. (Quelle: Eigene Darstellung VOK DAMS in Anlehnung an Thomas-Davies (2020, S. 17))

---

[7] Vgl. Thomas-Davies (2020, S. 15 ff.).

Jeder abgeschlossene Sprint trägt so zu einer übergeordneten Nachhaltigkeitsstrategie im Projekt bei.

Alle Schritte der Methodik für Nachhaltiges Agiles Eventmanagement folgen dem „PDCA-Zyklus – Plan, Do, Check, Act!", der wiederum im Managementsystem der ISO 20121 verankert ist. Abschn. 2.3.2

Ein weiteres pragmatisches Vorgehen in der Analyse und Entwicklungsphase ist die Fokussierung auf zunächst sogenannte „Less-Harm-Ziele" wie Reduzierung von Wasserverbräuchen und Treibhausgasen sowie Abfallvermeidung (sie entsprechen im Wesentlichen den SDGs 6, 12 und 13).

In einer nächsten Entwicklungsstufe kann man sich dann den „Do-more-good" Aktivitäten widmen wie beispielsweise dem Engagement für Gleichstellung, Inklusion, wirtschaftliche Gerechtigkeit etc., was auf die SDGs 5, 8, 10 einzahlt.[8]

Diese Methodik ist Wegweiser für individuell zu entwickelnde Ziele und Nachhaltigkeitsstrategien im Eventmanagement und kann sowohl für singuläre Projekte als auch für wiederkehrende Eventserien angewendet werden. Sie vereint Managementsystematische Strukturen, mit Eventmanagementprozessen und Agilem Projektmanagement.

---

[8] Vgl. Thomas-Davies (2020, S. 18 ff.).

Budget für Nachhaltigkeit

4

Nachhaltiges Wirtschaften ist für Agenturen und Kunden in Zukunft alternativlos. Langfristig spart Nachhaltigkeit nicht nur Ressourcen, sondern bares Geld auf Agentur- und Event-Ebene. Auf dem Weg dahin muss investiert werden.

Eine Investition, die sich auszahlt
Nachhaltigkeit mag auf den ersten Blick mit zusätzlichen Kosten verbunden sein, aber langfristig führt sie zu erheblichen finanziellen Einsparungen und Vorteilen. Hier sind einige Gründe, warum die Investition in Nachhaltigkeit sowohl auf Agentur- als auch auf Event-Ebene von Vorteil ist:

- **Ressourceneffizienz:** Durch den Einsatz nachhaltiger Praktiken wie Energie- und Wassereinsparungen, Abfallreduzierung und den Einsatz von recycelbaren Materialien reduzieren Agenturen und Events ihren Verbrauch von natürlichen Ressourcen. Diese Effizienzsteigerungen führen langfristig zu Kosteneinsparungen und reduzierten Umweltauswirkungen.
- **Gesteigerte Kundenattraktivität:** Nachhaltig ausgerichtete Events und Agenturen ziehen immer mehr umwelt- und sozialbewusste Kunden an. Diese Kunden sind oft bereit, mehr für nachhaltige Dienstleistungen und Produkte zu bezahlen, was zu höheren Einnahmen führen kann.
- **Markendifferenzierung:** Eine starke Nachhaltigkeitsstrategie kann Agenturen und Events dabei helfen, sich von der Konkurrenz abzuheben und eine einzigartige Marktposition zu schaffen. Dies kann zu einem

C. Dams und S. Böhling, *Nachhaltige Events agil umgesetzt*, essentials,
https://doi.org/10.1007/978-3-658-42783-2_4

verbesserten Markenimage, erhöhter Kundenbindung und letztendlich zu einem höheren Umsatz beitragen.

- **Risikominderung:** Nachhaltigkeitsinvestitionen können dazu beitragen, Umwelt-, Sozial- und Governance-Risiken (ESG-Risiken) zu reduzieren, die zu finanziellen Verlusten, Reputationsrisiken und rechtlichen Problemen führen können. Ein proaktiver Ansatz in Bezug auf Nachhaltigkeit hilft dabei, potenzielle Risiken frühzeitig zu erkennen und angemessen darauf zu reagieren.
- **Mitarbeiterzufriedenheit und -bindung:** Agenturen und Events, die in nachhaltige Praktiken investieren, können die Zufriedenheit und Bindung ihrer Mitarbeiter erhöhen. Nachhaltigkeit spricht insbesondere jüngere Generationen an, die sich gerne für Arbeitgeber engagieren, die ihre Werte teilen und umwelt- und sozialverträglich handeln.
- **Zugang zu Fördermitteln und Anreizen:** Viele Regierungen und Organisationen bieten finanzielle Anreize und Fördermittel für Unternehmen, die nachhaltige Praktiken umsetzen. Diese Unterstützung kann dazu beitragen, die anfänglichen Investitionskosten zu reduzieren und den langfristigen finanziellen Nutzen von Nachhaltigkeitsmaßnahmen zu erhöhen.

▶ Insgesamt ist die Investition in Nachhaltigkeit eine lohnende Entscheidung für Agenturen und Events. Obwohl sie zunächst mit Kosten verbunden sein kann, führt sie langfristig zu finanziellen Einsparungen, einer verbesserten Marktposition und einer höheren Kundenzufriedenheit. Dies unterstreicht die Bedeutung von Nachhaltigkeit als Schlüsselelement für den langfristigen Erfolg und die Wettbewerbsfähigkeit von Agenturen und Veranstaltungen.

Fazit und Ausblick 5

Bereits in der Einleitung stellten wir fest, Nachhaltigkeit ist das neue Profitabel und wird auch im Veranstaltungssektor zum Entscheidungsmerkmal werden. Für die Frage: „Warum lässt man Events nicht einfach weg?" konnten wir viele Gegenargumente aufzeigen. Keine „Live-Events" sind also nicht die Lösung, vielmehr geht es nun darum, die Events, die stattfinden im Sinne des Nachhaltigen Eventmanagements zu planen und umzusetzen.

Nachdem wir inzwischen in den meisten Fällen das Erkenntnisproblem – dass wir uns alle auf den Weg in eine Nachhaltige Zukunft machen müssen – hinter uns gelassen haben, stehen nun viele vor einem Umsetzungsproblem. Agilität hat sich als Beschleuniger für nachhaltigen Wandel bewährt und wir sehen nachhaltige Organisationen als Basis für die Implementierung von nachhaltigen Events. Die Kombination aus Agilem und Nachhaltigem Eventmanagement ergibt eine zukunftsfähige Methode, Events strategisch, konzeptionell, kreativ und logistisch zu entwickeln und das Ganze nachhaltig.

Wir haben Sie in diesem Essential zunächst mit den Grundlagen der Nachhaltigkeit, des Nachhaltigen Eventmanagements (incl. in unseren Augen relevanten Standards) sowie des Agilen Eventmanagements vertraut gemacht. Anschließend haben wir aufgezeigt, wie hilfreich ein agiles Mindset für die Transformation zur Nachhaltigkeit ist.

Folgende Erfolgsfaktoren für den Veränderungsprozess konnten wir identifizieren und aufzeigen: Das richtige Team, das als interner Treiber den Transformationsprozess aktiv voranbringt, in Kombination mit einer Geschäftsleitung, die für sich die Notwendigkeit eines Nachhaltigkeitsmanagement als Key-Priorität erkennt und diese als Unternehmensziel einführt und lebt. Zudem bedarf es einer

C. Dams und S. Böhling, *Nachhaltige Events agil umgesetzt*, essentials, https://doi.org/10.1007/978-3-658-42783-2_5

transparenten und regelmäßigen Kommunikation sowie einer ständigen Einbindung der Anspruchsgruppen. Ganz wichtig ist, es reicht dabei nicht, lediglich Einzelmaßnahmen durchzuführen. Zur erfolgreichen Umsetzung bedarf es eines Handlungsrahmens, eines Managementsystems sowohl auf Agentur- als auch auf Eventebene.

Das von uns erarbeitete und durchgeführte Transformationsmodell beschreibt die „Agile Event Sustainability" in 6 entscheidenden Schritten. Damit soll gewährleistet werden, dass alle unser Best-Practice-Beispiel „Nachhaltige Events agil umgesetzt" im eigenen Unternehmen implementieren können. Abschließend haben wir noch einen Blick auf die Methodik der Agilen Nachhaltigkeit geworfen sowie eine Kosten – Nutzen Abwägung für Agenturen dargelegt.

Es haben sich bereits einige „First Mover" in der Branche auf den Weg gemacht, bei anderen fehlt noch der erste Schritt. Nachhaltiges Wirtschaften ist für Agenturen, Dienstleister und Kunden in Zukunft alternativlos. Wir hoffen mit diesem Essential zu motivieren, Mut zu machen und aufzuzeigen, wie der Transformationsprozess zur Nachhaltigkeit gelingen kann und somit „Early adopters" bestmöglich zu unterstützen.

> ▶   Wir sind uns sicher: **„Die Zukunft von Events ist nachhaltig" und „Agility is Key"**

Colja Dams + Sabine Böhling

Was Sie aus diesem *essential* mitnehmen können

- Warum „Agile Event Sustainability" die neue Arbeitsweise ist
- Warum dazu auch Organisationen agil und nachhaltig sein müssen
- Wie die Transformation zur „Agile Event Sustainability" gelingen kann
- Wie mögliche Maßnahmen der Umsetzung aussehen können

© Der/die Herausgeber bzw. der/die Autor(en), exklusiv lizenziert an Springer
Fachmedien Wiesbaden GmbH, ein Teil von Springer Nature 2023
C. Dams und S. Böhling, *Nachhaltige Events agil umgesetzt*, essentials,
https://doi.org/10.1007/978-3-658-42783-2

Literatur

Bär, C./Fiege, J./Weiß, M. (2017) Anwendungsbezogenes Projektmanagement: Praxis und Theorie für Projektleiter, 1. Auflage, Berlin.

BMUV (2023) Leitfaden für nachhaltige Organisation von Veranstaltungen. Verfügbar unter: https://www.bmuv.de/publikation/leitfaden-fuer-die-nachhaltige-organisation-von-veranstaltungen (zugegriffen am 27.06.2023).

BMZ (2023) Agenda 2030 – Die globalen Ziele für nachhaltigen Entwicklung. Verfügbar unter: https://www.bmz.de/de/agenda-2030 (zugegriffen am 27.06.2023).

Böhling, S. (2021) Events als unterstützende Maßnahme zur Mitarbeitereinbindung in das Nachhaltigkeitsmanagement, in: Trischler, A. / Böhling, S. (Hrsg.) CSR in Hessen, Berlin 2021.

Bruhn, M. (2015) Kommunikationspolitik. Systematischer Einsatz der Kommunikation für Unternehmen, München 2015.

Dams, C. M. (2019) Agiles Event Management. Vom „Wow" zum „How" im erfolgreichen Event Management, Wiesbaden 2019.

Deci, E. L./Richard M. R. (2008) Self-Determination Theory: A Macrotheory of Human Motivation, Development and Health, S. 183. In: Canadian Psychology 49, S. 182–185.

Eisenbrand, R. (2023) State of the German Internet, Keynote: OMR Festival 2023. Verfügbar unter: https://www.youtube.com/watch?v=1pNDTri61IY (zugegriffen am 09.07.2023).

Fiebeler, P. (2022) Die magische Pyramide des Projektmanagements. Verfügbar unter: https://www.gpm-blog.de/die-magische-pyramide-des-projektmanagements/ (zugriffen am: 02.07.2023).

fwd: Bundesvereinigung für Veranstaltungswirtschaft (2023) Nachhaltigkeit: Zertifizierungen und Berichtsstandards. Verfügbar unter: https://forward.live/nachhaltigkeit/ (zugegriffen am 28.06.2023).

Holzbaur, U. (2016) Events nachhaltig gestalten. Grundlagen und Konzeption für die Umsetzung von nachhaltigen Events, Wiesbaden 2016.

Horizont Online (2007) Vok Dams launcht Klimarechner für Events. Verfügbar unter: https://www.horizont.net/agenturen/nachrichten/-Vok-Dams-launcht-Klimarechner-fuer-Events-70650 (zugegriffen am 28.06.2023).

ISO Org. (International Organization for Standardization) (2023) ISO 20121 Sustainable Events. Verfügbar unter: https://www.iso.org/iso-20121-sustainable-events.html (zugegriffen am 27.06.2023).

Kappler, E. (1989) Komplexität verlangt Öffnung, in Kirsch, W./Picot, A. (Hrsg.): Die Betriebswirtschaftslehre im Spannungsfeld zwischen Generalisierung und Spezialisierung, Wiesbaden 1989, S. 59 -79. Verfügbar unter: https://doi.org/10.1007/978-3-663-06909-6_4 (zugegriffen am 09.07.2023).

Nufer, G. (2007) Event-Marketing und -Management. Theorie und Praxis unter besonderer Berücksichtigung von Imagewirkungen, 3. aktualisierte und überarbeitete Auflage, Wiesbaden 2007.

Pufé, I. (2012) Nachhaltigkeitsmanagement, unveränderter, 3. Nachdruck der 1. Auflage, München 2012.

Pufé, I. (2017) Nachhaltigkeit, 3.Auflage, Konstanz 2017.

Schaefer-Mehdi, S. (2015) Event-Marketing, 4. aktualisierte Auflage, Berlin 2015

Stockholm Resilience Centre (2016) The SGDs Weeding Cake. Verfügbar unter: https://www.stockholmresilience.org/research/research-news/2016-06-14-the-sdgs-wedding-cake.html (zugegriffen am 28.06.2023).

Swan, R. (2016) Social Innovation Summit 2016. Verfügbar unter https://www.youtube.com/watch?v=su0-8-yA-3M (zugegriffen am 27.06.2023).

Thomas-Davies, H. (2020) Agile-Sustainability Handbook: Using Agile to help your organisation, learn, improve, transform & thrive, sustainably (English Edition/Kindle Ausgabe), Independently published (18. November 2020), S. 15 ff.

tw-media.com (2023) SDGs und Events: Neue Reihe: 17 Sustainable Development Goals. Verfügbar unter: https://www.tw-media.com/news/sdgs-und-events-neue-reihe-die-17-sustainable-development-goals-132471 (zugegriffen am 27.06.2023).

United Nations (2015) Department of Public Information, United Nations, S-1018, New York, NY 10017, USA. SDG_POSTER-#NonUN#_German.jpg. Verfügbar unter: https://17ziele.de/downloads.html (zugegriffen am 27.06.2023).

VOK DAMS (2023) WhitePaper: AI und Event 2023 (not published jet), o. S.

WCED (1987) Our Common Future. Verfügbar unter: https://www.are.admin.ch/are/de/home/nachhaltige-entwicklung/internationale-zusammenarbeit/agenda-2030-fuer-nachhaltige-entwicklung/uno-_-meilensteine-zur-nachhaltigen-entwicklung/1987--brundtland-bericht.html (13.07.2023).

Weiß, Y. (2023) Lernen als Superkompetenz unserer Zeit: Welche zwei Fragen uns am Ende eines Arbeitstags voranbringen. Verfügbar unter: https://www.linkedin.com/pulse/lernen-als-superkompetenz-unserer-zeit-welche-zwei-fragen-weiß/?originalSubdomain=de (zugegriffen am 27.06.2023).

ZNU (2023) ZNU-Standard Nachhaltiger Wirtschaften. Verfügbar unter: https://www.znu-standard.com (zugegriffen am 11.07.2023).

Printed in the United States
by Baker & Taylor Publisher Services